SOUVENIRS D'UN TOURISTE.

NANCY, IMPRIMERIE DE VAGNER,
Rue du Manége, 3.

BLUETTES

PAR

UN TOURISTE.

~~~~~

Memini dulce.

CONSTANTINOPLE. — ÉGYPTE.

ROME. — VENISE. — ESPAGNE.

PYRÉNÉES.

NANCY.   PARIS.

Vagner, imprimeur-libraire-éditeur,   Douniol, libraire-éditeur,

RUE DU MANÉGE, 3.   RUE DE TOURNON, 29.

1858.

CONSTANTINOPLE.

I.

Dès 1843, il existait un service régulier de bateaux à vapeur entre Constantinople et Trébizonde. La fantaisie me prit de pousser jusque-là. Parti de France avec un bagage scientifique fort léger, je n'avais qu'une idée très-confuse des souvenirs historiques que je rencontrerais dans l'antique *Trapezus*. Le nom de Trébizonde me rappelait bien l'existence d'un de ces empires à nom sonore, auxquels les exigences de la rime donnent une célébrité où l'oreille a plus de part que l'esprit, mais j'ignorais que cette ville fût contemporaine de

Troie, et que vingt-cinq siècles plus tard, elle eût servi de refuge à un Commène, après la prise de Byzance par les Latins. C'était le désir de voir un coin peu visité de la vieille Asie, et de vrais Turcs encore coiffés du turban classique ; c'était l'amour de la couleur locale, en un mot, qui m'attirait au pied des montagnes d'Arménie. Je communiquai mon projet à un compatriote, touriste comme moi et fort curieux de pittoresque. Il me fut aisé de l'entraîner. En regardant le soleil se coucher derrière Stamboul, du haut du Champ des Morts de Péra, nous convînmes, M. de Brémond et moi, d'aller le voir se lever derrière les cimes du Caucase.

Le lendemain, vers le soir, nous passions le long des sombres rochers, tachés de mousses jaunissantes et de blanches fortifications, qui forment l'entrée septentrionale du Bosphore. De construction anglaise, commandé par un Anglais, mais décoré d'un nom turc et d'un pavillon ottoman, notre steamer aux flancs noirs et au noir panache, fendait intrépidement les flots solitaires du Pont-Euxin. Le ciel était couvert de gros nuages, dont les teintes ardoisées se reflétaient dans les eaux. Elles méritaient ce jour-là leur sinistre nom de mer Noire. Notre navigation fut cependant très-paisible, et, malgré un vent d'Est assez frais, nous passâmes à heure dite devant la rade vide et le château désert de Sinope, colonie grecque que sa résistance à Lucullus n'avait pas préservée de l'oubli, mais qui est redevenue fameuse au même titre que Navarin. La mer était calme et bleue comme à Naples, lorsqu'après avoir doublé l'église d'Aya-Sophia, séparée de la ville par des jardins et des cimetières, puis les murailles crénelées et couvertes de lierres, les minarets à raies blanches et noires de la cité, notre bâtiment s'arrêta au pied d'un coteau nu et rocheux à la base, plus haut abrupte encore mais ombragé, et couronné de maisons en bois, dont les auvents se détachaient sur le ciel, ou sur les vertes pentes des montagnes qui de tout un côté dominent Trébizonde.

Quelques barques nous entourèrent aussitôt à distance. Les formalités de quarantaine à peine remplies, trois ou quatre Grecs vinrent nous offrir leurs services en mauvais italien. Sachant par expérience à quelle sorte de gens nous avions affaire, nous éprouvions beaucoup de répugnance à nous embarrasser d'un de ces serviteurs à toute fin, qui, dans les Echelles du Levant, usurpent, au grand déplaisir des interprètes diplomatiques, le titre pompeux de drogman. Nous ne pouvions cependant nous suffire à nous-mêmes dans un port aussi peu fréquenté des Européens. La physionomie du moins empressé de ces inévitables personnages plut à M. de Brémond. C'était un homme de taille moyenne, bien découplé, qui paraissait avoir une trentaine d'années. Il portait un costume *franc :* pantalon, veste ronde et casquette ; ce qui, pour mon compagnon de voyage, aurait été une objection insurmontable, s'il n'avait racheté ce tort fort grave par une chevelure brune et abondante, un sourcil bien arqué, des yeux noirs, un nez aquilin, une moustache épaisse, des dents blanches et bien rangées, un menton rond et court; en un mot, c'était un fort beau garçon. Quand par son caractère énergique autant que par la régularité des traits, sa figure n'aurait pas été faite pour plaire tout d'abord à un artiste, chacun eût été prévenu en sa faveur par la réserve à la fois timide et fière avec laquelle il se présentait. Cette attitude était d'autant plus remarquable qu'elle contrastait singulièrement avec l'humilité loquace et l'obséquieuse importunité de ses concurrents. Nous lui demandâmes, selon l'usage, s'il avait quelques certificats des personnes auxquelles il avait servi plus ou moins récemment d'interprète. Il tira seulement alors de sa poche (ses rivaux avaient le leur tout ouvert à la main), un carnet, sur lequel étaient écrites, en russe, en anglais, en français, en italien et en grec, des attestations de zèle, d'intelligence et de probité. Nous ne les lûmes pas toutes, et pour cause, mais nous remarquâmes qu'aucune n'était datée de Trébizonde. La plupart l'étaient de Taganrog et d'Odessa. Cela ne promettait pas un guide bien sûr ; mais la bonne mine du candidat était pour M. de Brémond une raison décisive, et il conclut avec lui.

Il ne nous fallut pas longtemps pour découvrir que Sâti était peu au courant des choses du lieu. Pour ses débuts, il nous logea fort mal. Point d'auberges en ce pays : nous prîmes gîte chez un petit marchand génois, qui nous céda toute sa maison moyennant finance. Elle se composait d'une chambre de huit pieds carrés, précédée d'une galerie à laquelle on arrivait par une manière d'escalier extérieur. Le tout se trouvait au milieu d'un petit enclos, planté de mûriers, de vignes et de figuiers. La femme de notre hôte, originaire de l'île de Tinos, fut préposée aux soins de la cuisine. Il se trouva qu'elle était parfaitement indigne de notre confiance, et que la maison était un vrai cabinet d'entomologie : nous ne pûmes ni manger, ni dormir. Mêmes déconvenues, quand il fut question de visiter la ville et les environs. Sâti ne savait le chemin ni le nom de rien. Le seul service véritable qu'il nous rendit, consistait à traduire, de l'italien en turc ou en grec, les questions que nous adressions par son intermédiaire aux habitants du pays. Et cependant nous nous attachions à lui. Il avait un langage et des sentiments au-dessus de sa condition. S'il ne connaissait rien de Trébizonde, il savait sur la Turquie en général beaucoup plus que n'en savent les drogmans dont usent les voyageurs. Il avait de l'esprit, et un esprit naturellement enjoué, mais sa gaîté n'éclatait que par éclairs. Elle était habituellement comprimée par une préoccupation visible, et il arrivait souvent qu'au milieu d'une conversation animée, son front se rembrunissait et que le rire se glaçait tout à coup sur ses lèvres. Il retombait alors dans un morne silence dont on avait peine à le tirer. Evidemment, c'était un homme déclassé, un homme poursuivi par le chagrin ou par le remords. Il y avait là un mystère, et c'était justement ce mystère qui, en éveillant notre curiosité, excitait notre sympathie.

Tout en dessinant la mosquée d'Orta-Hissar, nous causions un jour, M. de Brémond et moi, de nos courses aux environs de Constantinople. J'en vins à lui raconter une excursion matinale à Kadi-Keuï, pendant laquelle j'avais joui du magnifique spectacle de la pointe du Sérail, de l'entrée de la Corne d'Or, de Sainte-Sophie et de la mosquée Sultan-Achmet, sortant peu à peu d'un brouillard doré par le soleil d'Orient. Sâti était assis derrière nous sur la margelle d'un puits. Au beau milieu de ma tirade admirative, il se rapprocha de moi, prêtant très-manifestement attention à ce que je disais, quoiqu'il ne pût le comprendre, car il ne savait pas le français. Je n'avais pas encore fini, mais j'avais laissé ma phrase suspendue, comme il arrive lorsque, parlant le crayon à la main, on rencontre une difficulté d'exécution qui absorbe l'intelligence, quand Sâti intervint dans la conversation :

— Leurs seigneuries ont été à Kadi-Keuï ? dit-il avec un embarras que la simplicité de la question n'expliquait nullement.

— Oui, fis-je, en éloignant mon papier, et en inclinant la tête comme pour étudier mon effet, mais en réalité pour observer Sâti à la dérobée. Est-ce que vous le connaissez ?

— Oh ! beaucoup...... c'est-à-dire que j'y ai été quelquefois.

Je laissai exprès tomber le discours. Le pauvre Sâti n'y tint pas.

— C'est une bien belle ville, reprit-il en poussant un soupir.

— Vous voulez dire que du rivage on a une très-belle vue, car la ville est fort maussade.

— Ah ! Excellence, il y a à Kadi-Keuï de bien jolies filles.

— Une surtout, n'est-ce pas, Sâti, s'écria

malignement M. de Brémond, qui jusque-là n'avait pas paru prendre garde à ce qui se disait à quelques pas de lui.

Nous nous retournâmes tous deux pour regarder la figure de notre drogman. Il était pâle, et cherchait en vain à cacher son émotion. Il ne répondit rien, détourna la tête, et regagna tristement sa première place. Il était clair qu'il ne se souciait pas de pousser plus loin ses confidences, et qu'il y aurait eu de la cruauté à lui faire subir un interrogatoire.

Au bout de quinze jours nous avions vu et revu Trébizonde, son rivage rocheux et dentelé, son vieux monastère, asile d'un empereur, ses mosquées bicolores, son enceinte de tours, ses ravins ombreux, les bois de cyprès de ses cimetières ; nous avions gravi les pentes accidentées des montagnes auxquelles elle s'appuie ; nous étions même allés jusqu'à Gevislik sur la route de Perse ; nous avions admiré vingt fois au moins les brillants et harmonieux effets de lumière que présente soir et matin l'horizon du côté de la Circassie ; nous étions blasés sur les hauts turbans négligemment enroulés et sur les vestes à manches ouvertes et flottantes des hommes, sur les masques en crin noir et sur les épais *yaschmaks* (1) des femmes ; sur la vertueuse terreur que nous leur inspirions, sentiment qu'elles exprimaient en prenant la fuite à notre approche, ou en collant contre la muraille leur visage déjà voilé pendant que nous passions près d'elles. Un bateau à vapeur de la compagnie autrichienne devait bientôt arriver et repartir immédiatement. Nous annonçâmes notre prochaine séparation à Sâti. Il témoigna un vif regret de ne pouvoir nous accompagner à Constantinople.

Le jour même de notre départ, comme je terminais mes paquets tandis que M. de Brémond était allé achever un croquis, Sâti revint sur le chagrin qu'il éprouvait de rester en arrière. Son sentiment était trop vif pour être attribué à la seule rupture des bons, mais éphémères rapports que nous avions eus ensemble. Plusieurs fois il avait ouvert la bouche comme pour ajouter quelque chose à l'expression répétée de sa peine, mais n'avait pas osé

---

(1) Le *yaschmak* est une coiffure en étoffe blanche, qui, par sa forme, tient à la fois du voile et de la mantille espagnole.

articuler une seule syllabe. Moitié compassion, moitié désir de percer le secret de sa situation, je vins à son secours.

— Puisque vous avez si grande envie d'aller à Constantinople, lui dis-je, partez en même temps que nous sur la *Marianne*. Ce que vous venez de gagner à notre service est plus que suffisant pour payer votre passage.

— Sans doute, Excellence, me répondit-il avec découragement, mais j'avais des dettes qu'il fallait bien acquitter. Dieu ait pitié de moi...! mais je ne suis pas un voleur.

L'accent avec lequel furent prononcées ces dernières paroles disait assez que la tristesse ordinaire de Sàti était l'effet d'un remords.

— Que feriez-vous à Constantinople pour gagner votre vie? repris-je après un instant.

— Ce que je fais ici, Excellence.

— Pas si facile que vous croyez, Sàti. Vous savez votre Trébizonde depuis que nous vous l'avons montrée, mais Constantinople ne s'apprend pas en quelques jours. Vous y trouveriez d'ailleurs de nombreux et d'habiles concurrents.

— Oh! sur ce point, Excellence, je n'ai nul

souci. Je connais Constantinople comme un rat connaît son trou.

— Seriez-vous de Galata, par hasard? Mais, au fait, vous nous parliez l'autre jour de Kadi-Keuï avec l'admiration d'un natif.

Au nom de Kadi-Keuï, la figure de Sâti se bouleversa de nouveau. Il baissa la tête, après m'avoir jeté un regard que je n'oublierai jamais. Pour son malheur, je cédai à cette muette supplique.

— Eh bien! lui dis-je, je vous emmène avec moi. Je payerai votre passage. Allez retenir votre place.

Aussitôt les nuages qui assombrissaient son front se dissipèrent comme par enchantement, et il me montra par le tremblement de sa voix et par les larmes qui mouillèrent sa paupière, la reconnaissance que ses lèvres ne pouvaient pas exprimer.

Quelques heures après, il s'embarquait avec nous sur un pyroscaphe du Lloyd. Aucun incident notable ne signala notre retour. Je remarquai seulement que la joie de Sâti diminuait à mesure que nous approchions du but de ses désirs, et que loin de produire en lui aucun transport de bonheur, la vue du Bosphore, de Bouyoukderé et enfin de Top-Hana, le jeta dans une morne stupeur. Il était comme atterré.

II.

Deux mois plus tard, Péra était fort agité. Toutes les grandes ambassades étaient en mouvement. De leurs chancelleries partaient dépêches sur dépêches pour Beygler-Bey et la Sublime-Porte. La diplomatie avait découvert qu'un Grec, nommé Theodoros Coudriotis, venait d'être condamné à la décapitation par l'*Arz-odaci*, c'est-à-dire, par la haute-cour de justice. Son crime était d'être revenu au christianisme, qu'il avait abjuré quelques années auparavant pour se faire musulman.

M. de Brémond, qui avait rencontré la veille un secrétaire de la légation française, m'apprit que le renégat repentant, cause de tout ce mouvement et objet de toutes les conversations, était fils du kodja-bachi de l'un des bourgs de la banlieue de Constantinople; qu'il avait été fiancé de bonne heure à une jeune fille qu'il aimait et dont il était aimé; qu'en attendant l'âge de se marier, il avait été envoyé par sa famille à Galata, pour apprendre le commerce; qu'il était tombé dans le désordre et avait fini par prendre le turban, on ne savait encore trop comment ni pourquoi; que, délaissant sa fiancée, il avait épousé une femme turque, et reçu un emploi quelconque dans les bureaux du Seraskiérat; qu'il avait enfin eu honte de sa conduite, mais que, ne pouvant revenir sur ses fautes à Constantinople sous peine de la vie, il s'était enfui secrètement, abandonnant femme et emploi, et avait été chercher asile en Russie; que là, il était rentré dans le giron de son Eglise, et avait vécu pendant trois ou quatre ans de quelque métier subalterne; mais que le mal du pays l'avait gagné, et que, contre toute prudence, il était revenu à Constantinople, comptant sans doute sur son costume européen, sur le secours du barbier, sur la facilité de vivre ignoré dans une ville étendue et populeuse, et par dessus tout sur le bénéfice du temps, pour échapper aux périls qu'il osait affronter. La police turque est faite avec une telle incurie, qu'il y aurait vraisemblablement réussi, s'il n'avait eu le malheur de rencontrer sa propre femme, qui, cachée sous le *yaschmak* et le *feredjé* (1), l'avait observé sans exciter sa défiance, et dont le premier mouvement avait été de l'apostropher et de jeter des cris qui attirèrent l'attention d'un poste voisin. Une discussion entre un chrétien et une femme musulmane était une bonne aubaine pour des soldats osmanlis. Ils s'emparèrent immédiatement du *djaour* malgré les rétractations de l'Ariane turque, apaisée par la vue des fusils et trop tard éclairée sur les suites probables de cette bruyante reconnaissance. L'affaire avait dès lors suivi son cours. On avait instruit le procès dans le plus profond mystère, prévoyant bien qu'au premier mot dit de l'autre côté du port, on aurait à compter avec les puissances européennes. Échapper aux réclamations presque inévitables de la Diplomatie d'une part, et aux pressantes sollicitations du cheik-ul-islam de l'autre, c'est à quoi le grand-vizir serait arrivé s'il avait pu ramener son prisonnier à l'is-

---

(1) Le *feredjé* est une sorte d'ample caftan, parfaitement uniforme sauf la couleur, que portent dans les rues, par dessus leurs vêtements, les femmes turques de toutes les conditions.

lamisme. Aussi y avait-il employé tous les moyens imaginables : promesses, menaces, sollicitations de la femme délaissée; mais rien n'y avait fait. Coudriotis était demeuré inébranlable. Renégat quelques années auparavant, il était prêt à subir le martyre plutôt que de renier encore sa foi. Le texte du Coran est positif, et on n'en était pas encore arrivé à n'en point tenir compte : il fallut bien lui appliquer la loi. On le condamna à avoir la tête tranchée.

Malgré les précautions prises pour cacher l'affaire aux légations jusqu'au dernier moment, il en avait transpiré quelque chose, et aussitôt des représentations énergiques avaient été adressées au Reïs-effendi. Témoigner qu'on y avait égard était une nécessité politique. La cause fut donc portée au Divan. Mais ce n'était là qu'une satisfaction de forme, car le Divan ne pouvait, malgré tout son désir de ménager les cabinets étrangers, résister à l'Uléma et au peuple, en présence d'une prescription formelle du Prophète.

L'exécution était fixée au lendemain.

M. de Brémond se croyait tenu en conscience de faire l'effort d'y assister. Tout voir, était à ses yeux une obligation qu'un voyageur se devait à lui-même de remplir à la rigueur, quoi qu'il pût lui en coûter. Il me parla si éloquemment de ses devoirs, et partant des miens, qu'il me persuada de l'accompagner. Après une assez mauvaise nuit, j'allai le prendre de bonne heure, et nous descendîmes sans mot dire la pente rapide de Galata. Quoique je fusse exclusivement préoccupé de l'affreux spectacle que j'allais chercher, les moindres incidents de ce trajet, que je faisais cependant tous les jours et qui n'avait rien de nouveau pour moi, sont restés profondément gravés dans ma mémoire, tant la surexcitation de mon système nerveux donnait de vivacité à toutes mes impressions. Encore aujourd'hui, je reconnaîtrais les trois derviches tourneurs que nous rencontrâmes devant leur tekié ; je vois un combat de chiens sur le corps éventré d'un cheval, au bas du cimetière qui longe la muraille génoise ; j'entends le charmant timbre de voix d'une femme turque, qui me demanda l'aumône, dans son doux et harmonieux idiôme, devant la petite fontaine qui touche à la porte du faubourg ; je me rappelle avec la plus minutieuse exactitude le visage et le costume du caïkdji qui nous fit traverser la Corne d'Or. Nous débarquâmes à Balouq-Kapoussi. L'exécution devait avoir lieu dans Balouq-bazar, à cent pas de là. Bientôt je perdis M. de Brémond dans la foule. Elle était compacte, mais silencieuse. Toutes les boutiques ou échoppes de la rue étaient fermées. Je me postai assez loin du groupe de *zaptiés* (1) qui indiquait la place où le supplice aurait lieu, craignant de n'en pouvoir supporter l'horreur de plus près. Il était environ quatre heures à la turque.

Après vingt minutes, qui me parurent un siècle, un frémissement sourd parcourut la foule. Le condamné approchait, précédé d'un détachement armé. Il venait du côté d'Yâli-kiosque. De l'angle où je me trouvais, je voyais l'escorte de face. Je sentis mes jambes trembler ; mon cœur battait à coups redoublés. Le cortége marchait toujours. Ses rangs s'ouvrirent, et au milieu des *cawas* (2) je découvris la figure du malheureux qui n'avait plus que

---

(1) Agents de police.
(2) Les *cawas* sont des espèces de gendarmes.

quelques instants à vivre. C'était le pauvre Sâti.

Je m'enfuis à pas précipités, me bouchant les oreilles, et prêtant attention pourtant aux bruits qui passaient à travers mes doigts fermés. D'un trait je traversai le grand bazar et la place de Bayazid-djami ; je ne ralentis le pas qu'en approchant de la porte d'Andrinople. J'étais près de la partie des murailles où Mahomet II porta le principal effort de son attaque. En descendant vers le port, je pouvais toucher la brèche par laquelle sont entrées dans Constantinople les croyances et les institutions dont je venais d'entrevoir un des effets.

Quelque mouvement que je prisse pour chasser de ma pensée le souvenir de Sâti et le lugubre tableau des préliminaires de son exécution, j'en étais obsédé. Pêle-mêle avec des réflexions sur l'intolérance des divers cultes, ils me poursuivirent jusqu'aux Sept-Tours et à Eyoub. Lorsque je regagnai Péra par le pont de l'Arsenal, j'étais exténué de fatigue, et cependant je voulus aller le soir chez M. Duneau, drogman de l'ambassade française, pour avoir des détails sur la fin du drame de la matinée.

Là j'appris que Theodoros Coudriotis (Sâti n'était qu'un nom de guerre) s'était fait renégat dans un moment de surprise et de peur ; que trouvé en flagrant délit, et reconnu coupable d'une atteinte aux mœurs que la loi punit de mort et qu'elle ne pardonne aux chrétiens qu'à la condition d'apostasier, il avait eu la faiblesse d'embrasser l'islamisme pour se sauver ; mais qu'il avait bien racheté ce tort par la fermeté de son attitude, cette fois, en prison, devant ses juges et devant l'arrêt capital. Pour échapper aux exigences contraires de l'Uléma et de la Diplomatie, ce qui n'était possible qu'en lui arrachant un acte de soumission telle quelle au Coran, on avait été jusqu'à feindre plusieurs fois de le conduire au supplice. Il ne s'était pas laissé intimider un seul instant. M. de Brémond, qui était survenu, raconta que son courage avait été incroyable. Point de pope pour le consoler, le soutenir, lui parler de Dieu et de l'éternité. Les mains liées derrière le dos, il s'était agenouillé sur le pavé sans chanceler… La main du tchaouch était mal assurée. Pour lui abattre la tête il avait fallu plusieurs coups. Au troisième, il levait encore les yeux vers le ciel… Comme outrage, son chef décollé fut placé entre les jambes de son cadavre, étendu la poitrine contre terre, au milieu de Balouq-bazar.

Un voyageur érudit qui se trouvait là, s'écria : « C'est une scène du temps de Néron ou de Dioclétien. »

— Ou de Philippe II, ou d'Élisabeth, ajouta M. de Brémond. Toutes les religions ont été persécutrices. Toutes, au moins, punissent avec rigueur la désertion de leur foi.

— Soit, répondis-je, mais avec cette différence, que ce qui règne ici comme principe, n'est chez nous qu'un fait ; si bien que l'esprit de douceur de l'Evangile en triomphe peu à peu.

III.

Ce n'est jamais sans peine qu'on quitte une ville où l'on a vécu plusieurs mois. On s'attache aux lieux comme aux personnes et les adieux sont toujours tristes. Puis, lorsqu'il s'agit de contrées lointaines, on sait bien qu'on n'y reviendra pas, quoiqu'on se promette toujours le contraire. On sent donc, en dépit de tous les projets de retour, qu'on rompt pour jamais avec des impressions pleines de charme, avec des jouissances qu'on ne goûtera plus que par le souvenir; qu'on tourne le dos à une partie de sa vie; qu'on en ferme un des chapitres, et ils sont comptés. Cette mélancolie de la partance est naturellement d'autant plus grande que le pays est plus beau; et il n'y a pas de site plus admirable que celui de Constantinople, où, dans un cadre de quelques lieues carrées, se trouvent réunies toutes les grandes beautés de la nature : la mer de Marmara, aux horizons infinis dans la direction de Gallipoli, fermée un peu plus au sud par les îles des Princes, et dominée dans le lointain par les sommets neigeux de l'Olympe Bythinien; — un magnifique fleuve, le Bosphore, coupé à angle droit, juste au point où il se jette dans l'ancienne Propontide, par la vaste embouchure d'un ruisseau aux bords riants et ombragés; — des côtes déchirées par ces grandes masses d'eaux, projetant de toutes parts des caps aigus et des promontoires escarpés. A leur sommet s'élèvent, tantôt des bois de cyprès, tantôt des mosquées dont les blanches coupoles et les sveltes minarets se détachent sur l'azur d'un ciel méridional. Leurs flancs rapides sont plantés de jardins et de grands arbres, ou garnis de maisons en bois peint pittoresquement groupées. A leur pied, suivant le contour accidenté du rivage, s'étendent en longs replis des habitations, des cafés, des édifices de toute forme et de toute grandeur, dont la mer baigne les murailles ou les pilotis. De distance en distance, la ligne des constructions est interrompue par un débarcadère, par un quai en pierre ou en bois, par une petite place ornée d'immenses platanes à l'épais feuillage, ou de kiosques et de fontaines d'une architecture non moins élégante qu'originale. Là, comme dans les bazars, afflue une population nombreuse aux vêtements de couleur éclatante. Là, vont et viennent des gens de tout métier et de toute condition, aussi divers par la race, le langage et la religion que par le costume, tandis que sur les rives sinueuses du port et du détroit, sur leurs bords découpés en une multitude d'anses ou de criques, se pressent des milliers de grands navires et de légers bateaux se croisant en tous sens. Aller à Constantinople est devenu bien facile ; longtemps encore en revenir sera difficile. Je ne pouvais m'y décider.

Tout a une fin cependant. L'hiver approchait, et le moment vint où il me fallut absolument faire mes préparatifs de départ pour l'Egypte. Je pris donc un caïk, et, longeant la Tour de la Fille, la pointe de Scutari et les hauteurs d'Haïdar-Pacha, j'allai prendre congé de M. d'Anglars, mort depuis à Kamiesch, où il remplissait les fonctions de commandant de place, et alors officier instructeur au service du Sultan. Il habitait une maison isolée, voisine de Kadi-Keuï, et des fenêtres de laquelle on apercevait plusieurs bataillons ottomans qu'il était chargé de former aux manœuvres occidentales. Devant un rideau de noirs cyprès, les cônes vert pâle de leurs tentes étaient régulièrement alignés. Alentour, on voyait circuler d'un pas lourd et d'un air gauche, les malheureux Asiatiques qui venaient d'échanger leurs amples vêtements contre l'étroit pantalon et le justaucorps de nos soldats.

Après une conversation dans laquelle M. d'Anglars me parla de ses élèves, des officiers surtout, en termes qui n'eussent pas fait espérer les gloires de Kars et de Silistrie, je déposai le chibouq pour lui serrer une dernière fois la main. Il voulut me reconduire jusqu'au bateau qui m'attendait à l'échelle principale de la vénérable Chalcédoine (1).

A peine avions-nous fait quelques pas dans l'intérieur de la ville, ou plutôt du village, que nous entendîmes le chant nasillard du clergé grec, auquel répondaient des cris et des sanglots. C'était un enterrement. Nous nous rangeâmes pour le laisser passer. Selon l'usage oriental, le cercueil était découvert. De la plate-forme d'une fontaine sur laquelle je m'étais réfugié, je voyais très-bien le corps : c'était celui d'une femme encore jeune. Elle était couverte de riches vêtements, et son front était orné d'une couronne de roses blanches. Mal-

(1) Déchu de son rang de cité et aujourd'hui simple faubourg de Constantinople, ou à peu près, Kadi-Keuï n'est autre que l'ancienne Chalcédoine, fondée par les Mégariens et longtemps plus florissante que Byzance. On y tint en 451 le cinquième concile œcuménique, celui qui condamna Eutychès.

2

gré sa maigreur et sa pâleur, malgré la contraction cadavérique de ses traits, on voyait qu'elle avait dû être belle.

M. d'Anglars me montra au milieu des pleureuses gagées qui agitaient leurs *keffiés* (1) en signe de désespoir, et presque en tête des parents et amis qui formaient la queue du funèbre cortége, un homme à cheveux blancs, visiblement accablé de douleur.

— Voilà le kodja-bachi de Kadi-Keuï, me dit-il. C'est le père de Coudriotis..... Vous savez ce Grec qui a été décapité......

— Malheureux! m'écriai-je. Serait-ce sa fille?

— Non, mais la fiancée de son fils. Lorsque Coudriotis renia sa foi, on crut qu'elle en mourrait. Depuis, elle a toujours été malade. La catastrophe de l'autre jour l'a achevée.

La vive impression produite sur Sâti par le nom seul de Kadi-Keuï s'expliquait parfaitement.

---

(1) Sortes de mouchoirs en soie. Les couleurs en sont généralement très-vives. Des fils d'or sont souvent mêlés au tissu. Les plus beaux *keffiés* viennent d'Alep. D'ordinaire, les femmes s'en servent comme parure. Grecques et Turques s'en font de minces et légers turbans.

Nous reprîmes le chemin du port.

— J'avais pourtant ouï répéter plus d'une foi qu'on ne meurt jamais d'amour, dis-je à M. d'Anglars, de l'air le plus dégagé qu'il me fut possible.

— A Paris, me répondit-il. Mais en Turquie.....!

ÉGYPTE.

I.

J'avais fait connaissance, au Caire, avec un Français établi depuis plusieurs années dans cette ville. Venu en Egypte pour offrir ses services à Mehemet-Ali comme ingénieur, M. Servin avait été bien accueilli par le Pacha. Il en reçut même diverses missions, mais il fut bientôt rebuté par les contrariétés et les sourdes persécutions qu'avaient à supporter les Occidentaux employés par le Vice-Roi, de la part de ses officiers turcs et arabes, tous jaloux des faveurs accordées à des étrangers, et nourrissant contre les chrétiens les vieilles haines des musulmans. De guerre lasse et abreuvé de dégoûts, M. Servin avait donné sa démission, et s'était livré avec ardeur à l'étude de l'Orient. Pendant ses voyages et ses longs séjours dans le Delta et la Thebaïde, il avait appris la langue du pays, et, de retour au Caire, il avait profité de cette précieuse ressource pour pénétrer le secret des mœurs et des institutions arabes. Afin de rendre ses rapports avec les indigènes plus faciles et plus intimes, chose à peu près impossible pour les Francs, il habitait une maison éloignée de l'Esbekié, portait le costume du Nizam et avait pris le nom de Kurschid-effendi. Je ne suis même pas bien sûr qu'il n'ait pas poussé l'amour de la couleur locale et la fidélité du déguisement, jusqu'à prendre femme et l'enfermer dans un harem. Quoi qu'il en soit, j'étais trop initié aux règles de la politesse orientale, pour adresser l'ombre d'une question sur sa vie intérieure à un aussi scrupuleux observateur des coutumes asiatiques.

Un matin, nous étions assis au bazar, à quelques centaines de pas de l'élégante mosquée d'El-Ghoury, sur l'espèce de parapet en maçonnerie qui règne tout le long des boutiques, et sert à la fois de comptoir aux marchands et de siége aux chalands. Le chibouq d'une main et le *fendjal* (1) de l'autre, nous marchandions depuis une heure. Ainsi le veut la coutume, dans un pays où pas une âme ne connaît le prix du temps. Il s'agissait tout simplement d'une veste de drap ornée de galons en soie, et cette misérable emplette exigeait une aussi longue négociation que s'il eût été question d'acheter les pyramides. Façonné aux habitudes du lieu, M. Servin devisait de toutes choses avec un grave tailleur infiniment moins empressé de vendre que moi d'acheter, et ne revenait que de temps en temps à l'objet principal de l'entretien. Pendant que cette laborieuse affaire suivait son cours naturel, je regardais les passants, qui, par la variété de leurs physionomies et de leurs costumes, excitaient vivement ma curiosité. Déjà le marchand ne demandait plus que le tiers environ de son premier prix, et c'était encore le dou-

---

(1) Sorte de coquetier en métal dans lequel se place la tasse de café. Comme les tasses n'ont pas d'anse et que le café doit être servi bouillant, sans le *fendjal* on se brûlerait les doigts.

ble de ce que valait sa marchandise, lorsqu'un Arnaout déboucha d'une ruelle voisine.

C'est sous ce nom que sont connus en Egypte, des fantassins irréguliers, la plupart originaires d'Albanie, qui remplissent, auprès des gouverneurs de provinces, les doubles fonctions de sbires et de gardes-du-corps. Y a-t-il un coup de main à exécuter sur un village; des contributions extraordinaires à lever; de rudes corvées à imposer aux malheureux fellahs; des levées d'hommes, ou plutôt des battues humaines, à opérer; on met en campagne une escouade de cette milice indisciplinable, insolente, pillarde, cruelle, composée de gens sans foi, ni loi, ni pitié. C'est d'elle que se servit Mehemet-Ali pour se défaire des Mamlouks.

Non contents des razzias qu'ils font pour le compte des tyrans, grands ou petits, dont ils sont les satellites, ces *bachi-bozouqs* se livrent pour leur propre satisfaction à toutes sortes de violences, de brutalités et de rapines envers les habitants des villages. Aussi en sont-ils la terreur. Jusque dans les villes et sous les yeux de l'autorité, ils commettent quelquefois des excès épouvantables. Pendant l'hiver qui je passai au Caire, trois de ces misérables forcèrent et dévalisèrent pendant la nuit, près d'El-Hassan, une maison habitée par deux femmes, une veuve et sa fille, et se portèrent envers elles aux derniers outrages. Ils furent, il est vrai, sévèrement châtiés, mais ces exemples sont rares, et ces sortes d'attentats demeurent le plus souvent impunis, soit négligence de la part de la police, soit faute de témoins assez hardis pour braver la vengeance des coupables. Ainsi, on parlait encore en 1844 de l'assassinat de la fille d'un agent consulaire anglais, consommé en pleine rue, et dont l'audacieux auteur n'avait pu être découvert malgré toute la bonne volonté du gouvernement, dont le zèle cette fois était plus que stimulé par le consul général d'Angleterre. On savait seulement que le meurtrier était un Arnaout, et on avait des raisons de penser qu'il avait été porté à ce crime par la jalousie. Il aurait conçu pour sa victime, qui était d'une grande beauté, une passion sauvage, et, dans l'impossibilité de l'assouvir, il lui aurait tiré un coup de pistolet dans le cœur, parce qu'il aurait appris son prochain mariage avec un officier de la compagnie des Indes.

Comme on rencontre souvent dans les rues, et surtout au bazar, de ces honnêtes suppôts du Pouvoir, je n'aurais pas autrement pris garde à celui qui s'avançait vers nous, si je n'avais remarqué qu'à l'instant où il nous avait aperçus, il avait fait un léger mouvement qui indiquait la velléité de revenir sur ses pas. Il continua cependant à marcher dans sa première direction, mais en passant près de nous il détourna la tête comme pour regarder les boutiques de l'autre ligne. Je le suivais de l'œil, lorsque j'entendis mon compagnon dire à haute voix en français :

— Eh! Baron, vous êtes bien fier ce matin.

Aussitôt l'Albanais de s'arrêter, de jeter de mon côté un regard observateur, et d'obéir avec une contrariété visible, quoique contenue, au geste de M. Servin, qui lui indiquait de la main une place à côté de lui. Il répondit à son apostrophe par deux ou trois mots, mais en arabe. Aussitôt un colloque dans cette langue s'établit entre lui et M. Servin.

Ainsi que la plupart des Arnaouts, il portait

le costume palicare : le grand fez penché sur l'oreille, la veste courte à manches ouvertes et pendantes, la fustanelle serrée à la taille. Un yatagan et deux pistolets étaient passés dans sa ceinture. Son costume n'offrait d'extraordinaire qu'une saleté et un désordre poussés encore plus loin chez lui que chez ses pareils. Lors même que je n'aurais pas été averti par l'interpellation de Kurschid-effendi, il m'eût suffi de le regarder avec un peu d'attention pour m'apercevoir qu'il n'appartenait pas à la race skypetare. Quoiqu'assez bien fait, il n'avait pas l'élégance de formes des compatriotes de Scanderbeg. Sa moustache était bien effilée comme la leur, et relevée aux deux extrémités, mais elle était blonde ainsi que ses cheveux incultes et brûlés par le soleil. Ses sourcils n'étaient pas régulièrement arqués, ni ses yeux grands et noirs, ni son nez aquilin. Il avait dû être bien de visage, car ses traits étaient réguliers, mais le vice et l'abrutissement peints sur sa figure la rendaient laide ou plutôt repoussante. Sa lèvre tombante, son regard vague et presqu'éteint, son teint plombé, sa voix rauque, sa démarche indolente et incertaine, témoignaient de l'état de dégradation physique et morale dans lequel l'avaient jeté l'ivrognerie, la débauche et l'abus du hachich.

Au bout de quelques minutes il se leva, porta la main à son front pour saluer M. Servin, passa devant moi sans sourciller, et reprit son chemin.

Quand il eut fait quelques pas, je me retournai vers M. Servin.

— Qui?... quoi?... qu'est-ce? lui dis-je fort étonné de cette bizarre reconnaissance.

— Qui? Les sept péchés capitaux.

— Il est bon d'avoir des amis partout, même en enfer, dit un proverbe, mais encore.....?

— Tel que vous le voyez, c'est le fils d'un général, d'un baron de l'Empire, d'un commandeur de la Légion-d'Honneur, et cœtera... Mais vous avez dû entendre parler de lui à Paris... Lanerve?... Après avoir mené joyeuse vie, mangé son patrimoine, fait des dettes, et même, disent les mauvaises langues, un faux en écriture privée, il est venu chercher asile et protection sur les bords du Nil. Arrivé ici, il a tout de suite trouvé sa vocation naturelle : il s'est fait Arnaout.

Je n'avais jamais entendu prononcer le nom de Lanerve.

II.

A quelque temps de là, je partais pour la Haute-Egypte, et, après une navigation de moins de trois semaines, j'abordais à Thèbes.

Un soir, comme je suivais, pour regagner ma kange, après une journée consacrée aux ruines grandioses de Karnak, la longue avenue, autrefois bordée de sphinx gigantesques, qui conduit aux temples de Louqsor, j'aperçus, se détachant, partie sur l'or et la pourpre du ciel, partie sur la bande violette des rochers lybiques, la silhouette de deux barques qui remontaient le fleuve. A en juger par les dimensions de leurs voiles triangulaires, ce devait être de grandes djermes. La brise était fraîche et soufflait du nord. Aussi marchaient-elles rapidement. Elles passaient à la hauteur de Biban-el-Molouk, lorsque je les découvris du pied d'un des derniers sphinx encore debout, et elles étaient déjà devant Medinet-Abou, lorsque j'atteignis les bassins de salpêtre. Bientôt je leur vis décrire la courbe que forme le Nil un peu plus haut, et pendant que je traversais la grande plage qui s'étend de la colonnade au rivage, elles disparurent derrière la ligne noire des palmiers qui ferment de ce côté l'horizon. J'interrogeai le reïs, par l'intermédiaire obligé de mon drogman, et j'appris que selon toute apparence, les djermes que je venais de voir portaient quelque haut fonctionnaire, car de la première on avait hélé mon bateau d'un ton d'autorité, quoiqu'il portât le pavillon français, et mon équipage avait vu sur la seconde plusieurs Arnaouts.

Ma visite aux monuments de Thèbes terminée, je continuai mon voyage.

Mon projet n'était pas de m'arrêter alors à Esneh. Le vent était bon, et je voulais en profiter. Mais j'avais compté sans mes matelots, dont les provisions étaient épuisées. Il fallut bien prendre terre pour leur laisser acheter des lentilles et des galettes, car on ne saurait accorder le nom de pain aux disques de pâte molle, collante et mal cuite, qui usurpent ce titre sur les marchés de l'Egypte. Le reïs m'avait bien promis que ces emplettes ne dureraient pas plus d'un quart-d'heure. J'attendais depuis plus de cent minutes sur le pont de ma kange la fin de ce quart-d'heure, lorsque mon drogman que j'avais envoyé à la découverte et qui n'était pas encore hors de vue, fut accosté dans la rue qui va du quai, ou plutôt de la rive, au bazar, par le baron Lanerve que je reconnus aussitôt. Quelques instants après, Abd'Allah vint me dire qu'un Arnaout demandait passage sur mon bateau pour rejoindre Selim-Pacha, à la suite duquel il se rendait en Nubie. « Il avait été chargé d'un message, s'était laissé attarder, et on était parti sans lui. Il ne me serait pas longtemps à charge, les djermes du Pacha devant s'arrêter à Assouan. » En même temps, mon drogman m'engageait fort à repousser la requête. Esneh étant le lieu d'exil des almées, lesquelles Mehemet-Ali avait chassées du Caire, pour des raisons que je n'ai jamais pu me faire expliquer, mais qui, à en juger par la manière dont elles ont été publiquement remplacées, ne pouvaient pas être de l'ordre moral, il n'était pas difficile de deviner les causes du retard du prétendu Albanais.

Mais ce n'était point, comme on pense bien, l'amour de la vertu qui inspirait la répulsion d'Abd'Allah. Ses griefs étaient d'une toute autre nature. A l'en croire, je ne serais bientôt plus le maître à bord si j'y laissais monter l'Arnaout, et le moins que je risquasse était des menaces et des insultes.

Soit esprit de contradiction, soit besoin de rompre l'uniformité de journées que la monotonie des paysages du Nil rend parfois longues et fastidieuses, soit désir de pénétrer plus avant dans les mystères d'une destinée bizarre et attrait pour l'inconnu, — je ne suivis pas le conseil de mon drogman, et je lui donnai l'ordre de porter à l'Arnaout une réponse affirmative. Dès que celui-ci l'eut reçue, il disparut. Quelque temps après, il revint accompagné d'un camarade qui demandait la même faveur que lui, et suivi des gens de mon équipage, sur la figure desquels était peinte la consternation. Je n'avais plus les mêmes raisons de bien accueillir ce nouvel hôte, mais je ne savais quel motif alléguer pour refuser à l'un ce que j'avais accordé à l'autre. Je cédai donc aux humbles instances du survenant.

Cette humilité ne fut pas de longue durée. En vrai Skypetar, il s'installa aussitôt sur le pont, au pied du mât, avec le sans-gêne d'un souverain seigneur et maître, s'enveloppa dans un caban de couleur sombre en poils de chameau, et se coucha à côté de son fusil, prêt à dormir du sommeil du juste. Le baron Lanerve fit son entrée d'un air moins délibéré. Comme j'avais subi une transformation notable depuis notre rencontre au bazar, il ne me reconnut pas tout d'abord. Toutefois je ne tardai pas à lire sur sa physionomie qu'il se rappelait m'avoir déjà vu, et qu'il cherchait qui je pouvais être. Mon costume égyptien le déroutait, mais à un froncement de sourcil je devinai que ses souvenirs étaient devenus plus précis. Il était sans doute mécontent de se trouver vis-à-vis d'un compatriote qui pouvait savoir son histoire. Je n'en tins compte, et comme il était allé s'établir près de son compagnon, je m'approchai d'eux :

— Nous n'en sommes pas à notre première entrevue, dis-je, en me tournant vers le baron Lanerve.

Il me regarda, puis le Skypetar, et ne répondit

mot. Je répétai ma phrase à voix plus haute. Même mutisme. Visiblement il ne voulait pas laisser découvrir son origine. Je jugeai inutile d'insister, et je rentrai dans ma cabine.

Lorsque je revins sur le pont, nous avions pris le large. A l'exception du pilote et de quatre hommes occupés à la manœuvre, tout le monde dormait profondément. Avant de me coucher, je pris cependant la précaution de changer les capsules de mes pistolets, car je commençais à m'inquiéter d'avoir à bord deux espèces de brigands.

Au milieu de la nuit, je fus réveillé par une violente secousse, aussitôt suivie de cris et de vociférations. Nous avions touché sur un banc de sable, accident fréquent dans la navigation du Nil, et le Skypetar apostrophait le reïs, lui reprochant sa maladresse, son ignorance, sa bêtise. Des injures il eût sans doute passé aux coups de *courbach* (1), si son camarade n'eût mis le holà, et ne lui eût imposé silence. Ce n'avait été que l'affaire d'un instant, et le tumulte s'apaisait lorsque je parus à la porte de ma

(1) Cravache en cuir d'hippopotame.

cabine. En m'expliquant ce qui venait d'arriver, mon drogman m'indiquait par le son de sa voix que je n'avais que ce que je méritais, et que j'en verrais bien d'autres.

Heureusement cette prédiction tacite ne se vérifia point. Sauf qu'ils s'invitèrent sans façon à dîner avec mon équipage, personne n'eut à se plaindre de mes hôtes. Le faux Albanais s'était, paraît-il, piqué d'honneur, et tenait à me persuader qu'il valait mieux que sa réputation, car, non seulement il ne se montra ni impérieux ni incommode, mais il exerça sur le Skypetar une pression bienfaisante. Sans lui, nous aurions probablement eu quelque nouvelle algarade, mais, depuis l'admonition fraternelle qu'il avait reçue pendant la nuit, le véritable Epirote se contenta de manifester sourdement sa mauvaise humeur, lorsque le bateau s'engravait, ou lorsque nous manquions de chavirer, ce qui arrive inévitablement de temps à autre à cause de la hauteur démesurée de la voilure et des caprices du vent. Comme ensemble ils parlaient turc, langue que personne ne comprenait couramment à bord, je ne sus pas quels arguments employait l'Arnaout de Paris pour maîtriser les instincts méchants de celui de Janina. Toujours est-il que la journée se passa sans encombre.

L'immobilité superbe de ces deux hommes était curieuse à observer. Pas un geste pour venir en aide aux matelots dans les moments difficiles, tandis que ceux-ci passaient et repassaient cent fois à côté et même au-dessus d'eux. Pas un signe d'attention, lorsque pour se délasser et se distraire, ils chantaient, pendant que la kange filait régulièrement sous le vent, quelqu'un de ces airs mélancoliques dont l'étrangeté empêche de goûter tout d'abord le charme, ou pendant qu'au son du *tarabouka* (1) et au bruit des mains frappées en cadence, l'un d'eux exécutait la danse originale du sabre. Ils demeurèrent tout le jour couchés sur leur manteau, fumant de temps à autre un chibouq, savourant le café que je leur faisais donner comme témoignage de ma haute satisfaction, et échangeant à peine un mot par heure. Tout dans leur attitude exprimait le plus profond

---

(1) Le *tarabouka* est un petit tambour. Un homme accroupi le place entre ses jambes et le frappe de la main. Il se compose tout simplement d'une peau tendue sur un vase de terre cuite.

dédain, le plus souverain mépris, pour la vile canaille qui près d'eux gagnait son pain à la sueur de son front.

La nuit suivante se passa sans événement. Le surlendemain, dans la matinée, nous passions devant l'île d'Elephantine, et nous accostions la rive d'Assouan près des roches qui en limitent l'extrémité méridionale. En longeant le quai où étaient amarrés un grand nombre de bateaux, nous avions aperçu les deux grandes djermes de Selim-Pacha. La planche de débarquement à peine posée, mes deux hôtes me quittèrent sans autre cérémonie : le Skypetar passa fièrement devant moi, sans me faire le plus petit signe de remercîment ; par un reste d'urbanité française, le baron Lanerve, dont j'avais respecté l'incognito depuis mon insuccès du début, porta négligemment la main à son fez en sautant à terre.

Ces deux braves gens s'attendaient, je pense, à recevoir immédiatement les coups de bâton sur la plante des pieds, auxquels leur donnait incontestablement droit le code pénal du pays pour avoir abandonné le dignitaire auquel ils faisaient escorte. Mais celui-ci ne les avait pas attendus, et était déjà en Nubie. Ses djermes étant trop grandes pour franchir la cataracte, il avait pris la route de terre, et il devait trouver d'autres bateaux à Bab-el-Bilal, petit village situé au-dessus du point où le Nil franchit la chaîne de rochers granitiques qui lui barre le chemin de la mer. Aussi, vis-je bientôt reparaître les deux Arnaouts, qui étaient redevenus humbles et polis comme par enchantement. Ils demandaient à reprendre leur place au pied du mât, et à demeurer avec moi jusqu'à ce que j'eusse rejoint leur chef. Cette fois je ne fus pas de si bonne composition, et je refusai net. J'en fus quitte pour quelques menaces injurieuses de la part du Skypetar, menaces auxquelles mit fin la visite du nazir, ou sous-préfet d'Assouan, qui venait civilement me faire une visite. Ils quittèrent le quai en se dirigeant vers le corridor bordé de huttes en terre et en paille qu'on décore du nom de bazar.

Malgré son aspect misérable, Assouan est une des grandes places de commerce de l'Afrique. C'est un lieu d'entrepôt pour la gomme, l'ivoire, les plumes d'autruche et les noirs du

Darfour et du Kordofan. Une caravane d'esclaves était précisément arrivée la veille. Ils campaient sur la rive, près des bateaux destinés à les transporter au Caire. La curiosité m'avait conduit de ce côté. La plupart étaient des femmes. A peine couvertes d'une ceinture de cuir découpé en lanières, et d'une écharpe en coton à laquelle la graisse avait donné une souplesse onctueuse qui est fort de mode sur le haut Nil; n'ayant la tête garantie des rayons ardents du soleil que par les tresses courtes et enduites de beurre de leur chevelure laineuse; entourées de quelques enfants nus comme des vers; accroupies sur des nattes en lambeaux, autour d'un feu de *guillès* (1) qui leur servait à faire cuire des lentilles dans un vase de terre, elles causaient et riaient sous l'œil d'un *djellab* (2) impassible, comme si elles faisaient un voyage de plaisir et qu'elles dussent revoir bientôt les parents et les amis qu'elles avaient laissés derrière elles. Je m'en étais approché dans les sentiments de la plus pure

---

(1) Disques de fiente d'animaux pétrie avec de la paille hachée. Faute de bois, ils servent de combustible aux fellahs.

(2) Marchand d'esclaves.

philantrophie, mais je commençais à lutter avec quelqu'insuccès contre l'impression d'optimisme inhumain que faisait naître en moi le spectacle de leur insouciance, lorsque je fus abordé par un prêtre avec lequel j'avais déjà eu quelques rapports au Caire.

L'abbé Ricard était un pieux missionnaire qui allait rejoindre en Abyssinie le savant et courageux M. d'Abbadie, et essayer d'y raviver les restes languissants d'un christianisme dégénéré et abâtardi. Il avait gagné Assouan sur une kange, frêtée par deux Français qui se proposaient de remonter le Nil jusqu'à la seconde cataracte, où l'on prend la route de terre pour atteindre Gondar, mais l'un d'eux étant tombé malade, ils étaient retournés sur leurs pas. L'abbé Ricard avait débarqué, et attendait une occasion pour gagner Ouady-Halfa. Je lui offris l'hospitalité, et avec d'autant plus d'empressement que je le savais aussi aimable et spirituel que bon homme et saint prêtre. Il accepta sans se faire prier, ajoutant même que me sachant derrière lui, il avait un peu compté sur moi pour aller plus loin.

—Si j'avais été plus charitable, repris-je, je

vous aurais procuré une bien bonne occasion d'exercer votre ministère apostolique. Peu s'en est fallu que vous ne fissiez une partie du trajet avec deux mauvais garçons, que vous auriez pu sermonner sans crainte de prêcher des convertis.

— Et qui donc ?
— Deux Arnaouts.
— Ce sont probablement eux que je viens de rencontrer au bazar. Je ne me réserve pas pour une meilleure occasion, mais je ménage mes forces pour des cas moins désespérés.
— Peut-être ? L'un d'eux est déjà catholique, je pense. C'est un grec de Paris.

A peine avais-je prononcé la dernière syllabe de ma phrase, que l'abbé Ricard s'écria en se frappant le front :

— Je parie que c'est mon homme. Savez-vous son nom ?

— Par le plus grand des hasards. Il s'appelle Lanerve. Est-ce qu'il vous doit de l'argent ?

— Non, vraiment ; mais je connais beaucoup sa famille, et j'étais chargé par elle de tâcher de le découvrir, — vous imaginez bien qu'il ne donne pas souvent de ses nouvelles, — et de faire tous mes efforts pour lui renvoyer cet enfant prodigue. Toutes mes démarches ont été infructueuses. J'avais perdu l'espoir de le trouver. C'est la Providence qui l'amène sur mon chemin. Je cours au bazar.

Le zèle de l'excellent abbé ne fut pas couronné de succès. Il ne réussit pas à rejoindre les deux Arnaouts, et quoiqu'il parlât assez intelligiblement l'arabe, il ne put même se mettre sur leurs traces. Toutefois, d'après quelques indications, il eut lieu de penser qu'ils avaient quitté Assouan et pris à pied la direction de la Nubie. Comme une kange portant pavillon anglais avait remonté la cataracte le matin, nous supposâmes qu'ils avaient tenté de la rejoindre.

L'abbé Ricard me raconta alors que le père de Gustave Lanerve était un soldat de la République, portant à la Superstition et aux calotins une véritable haine. Marié sous le Directoire (de peur de mettre le bon prêtre dans l'embarras, je ne lui demandai pas dans quelle paroisse), à une orpheline d'une famille noble et à peu près ruinée par la Révolution, il en avait eu deux enfants ; une fille d'abord et plus tard un fils. La mère avait profité des absences nombreuses et prolongées du Général pour inculquer presqu'en cachette à ses enfants des principes religieux. Malheureusement pour eux, elle mourut jeune encore. Gustave avait à peine quinze ans. Bientôt après, comme il entrait dans l'âge des passions, il perdit son père. L'impiété de celui-ci avait étouffé les germes de la Foi dans sa jeune âme. Libre de tout frein moral, maître à dix-huit ans d'une belle fortune (le charitable abbé ne m'a pas dit comment de sans-culotte le Général était devenu rentier), il s'était abandonné sans retenue à tous les vices et à tous les désordres. Son seul proche parent était sa sœur, et elle n'avait sur lui ni autorité, ni influence. Il avait donc roulé jusqu'au fond du précipice, et un beau jour il avait disparu ne laissant derrière lui que des dettes et de honteuses affaires.

Bien longtemps, poursuivit l'abbé, on ignora ce qu'il était devenu. Il n'y a pas plus de trois ou quatre ans qu'on le sait en Egypte, et caché dans le corps des Arnaouts sous le nom d'Ali. Sa sœur voudrait l'arracher au triste métier qu'il fait, mais jusqu'ici toutes ses tentatives ont été infructueuses. Comme je la connais beaucoup (elle est devenue une pieuse et excellente femme), je me suis chargé avec joie de rechercher cette brebis égarée.

— Et peu pressée, paraît-il, de retourner au bercail, repris-je. Probablement que le seigneur Ali ne se soucie pas de quitter des camarades qui n'ont pas grand'chose à lui reprocher, pour se retrouver en face de gens vis-à-vis desquels il aurait à rougir.

— Plaise à Dieu! s'il est sensible à la honte, il y a encore de la ressource.

— Quel autre motif pourrait le retenir?

— Mais le goût de la vie errante et aventureuse. Arrivée à un certain état de dégradation, l'âme n'éprouve plus que de la répulsion pour le calme et la régularité d'une existence honnête. Au moral comme au physique, l'usage des liqueurs fortes et du poivre rouge fait paraître insipide la nourriture qui plaît aux gens sobres.

Mon reïs ne connaissant point le Nil au-delà d'Assouan, et, au-dessus de ce point l'arabe cessant d'être la langue usuelle, mon personnel s'accrut d'un Nubien, qui devait nous servir à la fois de pilote et de second drogman. En même temps, je pris les arrangements nécessaires avec un pilote spécial pour remonter le lendemain la cataracte. La négociation ne marcha qu'avec la lenteur exigée par l'usage, et à grands renforts de tabac et de café. Pour signer un traité d'alliance offensive et défensive entre deux grandes puissances, il ne serait pas possible de prendre un air plus grave et plus solennel que celui du grand et noir personnage, qui, moyennant quatre cents piastres, s'engageait à me conduire sain et sauf de l'autre côté des rapides, et qui manifestait son assentiment à nos conventions verbales en portant la main droite sur son cœur après avoir touché la mienne.

Le lendemain, ma kange enlevée par douze rameurs vigoureux dépassait la proue granitique de l'île d'Eléphantine, fendait le cours de plus en plus rapide du Nil au milieu des écueils qui en obstruent le lit, et enfin s'engageait dans un canal latéral, où, moitié poussée par une bande de Nubiens plongés dans l'eau jusqu'à la ceinture, moitié halée à l'aide de longues cordes par une autre bande juchée sur les rochers des deux rives, elle s'avançait péniblement au milieu des cris poussés par une centaine de travailleurs et de spectateurs.

Nous venions d'être abandonnés par cette étourdissante escorte et de reprendre nos moyens ordinaires de navigation, lorsque nous découvrîmes l'île de Philæ. Sur son flanc oriental, au pied de l'escarpement que couronne le petit temple hypêthre, était amarrée la barque anglaise qui nous avait précédés de vingt-quatre heures. On déployait les voiles, ce qui indiquait l'intention de profiter de la brise du soir. Le soleil, en effet, commençait à baisser. Déjà les sombres rochers que nous avions à notre droite projetaient de grandes ombres jusqu'au milieu de l'amphithéâtre naturel dans lequel s'avançait notre kange. Une immense nappe d'une eau parfaitement tranquille et réfléchissant comme un miroir tous les objets environnants, en occupe le fond. De toutes parts se dressent de grandes masses de granit noir, dont le Nil baigne la base. Par endroits, d'étroites rives de sable ou de roches à fleur d'eau. Pas un brin d'herbe du côté du couchant. Au levant, quelques rares taches vertes, du côté du village de Bab-el-Bilal. Au centre, l'île de Philæ, cachant dans le fleuve le pied de ses falaises et détachant sur l'azur du ciel son trône de Pharaon, ses bouquets de palmiers, les pylones et les colonnades de ses temples, dorés, ainsi que les sommets abruptes de notre gauche, par les derniers feux du ciel tropical. Au fond du paysage, la gorge de rochers aux vives couleurs par laquelle le Nil entre dans le cirque majestueux où s'amoncellent ses flots, avant de franchir la digue jetée sur son passage par une révolution du globe terrestre plus ancienne que l'antique Ethiopie. Derrière nous, le défilé par lequel ils se précipitent vers Assouan avec un sourd et monotone mugissement, auquel se mêle le cri plaintif d'une *sakié* (1) lointaine. Du reste, un silence profond, le calme imposant des solitudes ignorées.

Absorbés par la contemplation de ce site étrange et grandiose, nous avions complètement oublié le bateau anglais, lorsque nous

---

(1) Machine servant à puiser dans le Nil de l'eau pour l'irrigation.

fûmes tirés de notre muette et rêveuse admiration par deux coups de fusil tirés à peu d'intervalle l'un de l'autre. Aussitôt chacun de chercher d'où était partie cette double détonation. La barque anglaise avait changé de position, et se trouvait alors près du village de Bab-el-Bilal, sur la rive droite du Nil. Nous ne l'avions pas plutôt aperçue qu'il en sortit une légère fumée blanche, aussitôt suivie par le bruit d'une décharge d'armes à feu. Un grand tumulte y répondit du rivage. Ne comprenant rien à cet incident singulier, nous fîmes cingler à tout hasard dans cette direction. Quoique les rapports de la France et de l'Angleterre n'allassent point dès lors jusqu'à l'alliance intime, on en était déjà à l'entente cordiale, et je pris en conséquence, sans consulter mon équipage qui me paraissait trop incliner vers la neutralité, la généreuse résolution de prêter main-forte, le cas échéant, au drapeau de Nelson et de Marlborough. La fortune des armes est journalière : il battait en retraite et s'éloignait du village, tandis que nous marchions à son secours. Lorsque nous fûmes à portée de la voix, nous hêlâmes l'humble barque au mât de laquelle, tout en reculant, flottaient aussi fièrement qu'à la poupe du *Victory*, les couleurs de l'invincible Albion. Elle était montée par deux gentlemans, l'un d'une trentaine d'années, et l'autre de vingt tout au plus. Je leur fis demander l'explication de ce qui venait de se passer. Comme, pour nous entendre, il fallait que chaque phrase passât de l'anglais en arabe et de l'arabe en français, la lumière ne se faisait pas vite ; d'autant moins vite que pendant cette conférence internationale, les matelots des deux kanges avaient entamé des pourparlers fort bruyants, et auxquels l'usage d'un idiome unique donnait une animation qui me faisait envie. Nous comprîmes enfin qu'en approchant du village, les fils de la vieille Angleterre avaient été priés par deux *rascals* d'Arnaouts de leur donner passage ; qu'ils avaient refusé, connaissant l'espèce de gens à qui ils avaient affaire ; que des prières, les Arnaouts avaient passé aux sommations, puis aux menaces, et enfin aux coups de fusil, pour les contraindre à aborder ; qu'heureusement personne n'avait été blessé, mais que voyant ces scélérats recharger leurs armes, ils avaient fait usage des leurs, et croyaient avoir mis hors de combat leurs deux adversaires; qu'il s'en était suivi une grande agitation parmi les nombreux spectateurs de la scène, et qu'ils gagnaient le large crainte de pis.

Il n'y avait pas à douter que les deux Arnaouts en question ne fussent mes hôtes d'Esneh. Ils n'avaient probablement pas trouvé d'autre barque en partance que celle des Anglais. Puisqu'ils ne disposaient d'aucun autre moyen suffisamment prompt pour rejoindre Selim Pacha, rien de plus conforme à leurs us et coutumes que d'y monter de gré ou de force.

Afin de venir en aide à son protégé, l'abbé Ricard voulait immédiatement prendre terre. Je ne m'en souciais que médiocrement, à dire le vrai, craignant que les habitants de Bab-el-Bilal ne voulussent venger sur nous, sans distinction de bannière, la défaite de vrais croyants par d'autres infidèles. J'assemblai donc un conseil de guerre, composé de mon drogman, du reïs et du pilote nubien. Celui-ci nous fit judicieusement observer que les Arnaouts étant universellement détestés, il était probable que ses amis et voisins (il était du village, théâtre du combat) ne prendraient pas fait et cause pour eux, et qu'en tout cas on pouvait, avant de débarquer, sonder leurs dispositions. La kange fut en conséquence dirigée vers le bord du fleuve, arrêtée à distance convenable, et aussitôt notre pilote se mit à parlementer avec les diables noirs qui criaient et s'agitaient sur le rivage. Ces nouvelles explications prirent encore assez de temps, et la nuit arrivait lorsque notre pilote nous assura que nous pouvions aborder sans danger. Les rames frappèrent l'eau, et pendant que la barque se rapprochait du groupe de palmiers vers lequel on la dirigeait, je pris mon fusil avec un pistolet, et je confiai l'autre avec mon sabre à Abd'Allah. L'abbé se munit d'une trousse et d'une pharmacie portatives.

A peine étions-nous descendus à terre, que nous fûmes entourés de gens dont les éclats de voix et les gestes étaient infiniment moins pacifiques que les intentions. Après un moment de confusion, nous nous mîmes en marche vers le point où se trouvaient les deux Arnaouts, précédés par notre pilote indigène et escortés par ses bruyants compatriotes, la plupart armés, qui d'une lance ou javelot, qui d'une arquebuse à mèche, qui d'une sorte de rapière courte. Cette scène était plus pittoresque qu'aimable, mais le bon abbé ne pensait pas le moins du monde que s'emparer de nous, ou du bateau sur lequel était notre bourse, était la chose la plus facile du monde. Il était tout à son ardeur apostolique. Le trajet ne fut pas long, et nous ne tardâmes pas à découvrir les deux blessés au milieu d'un autre groupe où l'élément féminin dominait. C'étaient bien mes deux hommes. Le Skypetar était sans mouvement, mais au fond sa blessure était légère : une balle lui avait rasé le front; elle l'avait comme assommé, mais il ne tarda pas à rouvrir les yeux et à sortir de la léthargie dans laquelle il était encore plongé à notre arrivée. Le baron Lanerve, au contraire, avait toute sa connaissance, mais il était mortellement frappé. Il avait été touché dans le ventre, et, selon toutes les probabilités, les entrailles étaient gravement offensées, car il y avait déjà eu vomissement.

Du premier coup d'œil, l'abbé Ricard avait distingué celui auquel il avait affaire.

— Je suis, Monsieur, un ami de votre sœur,

lui avait-il dit d'une voix calme et douce, en se penchant vers lui.

Ce n'était plus l'heure de jouer l'incognito : un éclair de satisfaction brilla sur ses traits contractés par la douleur.

— De ma sœur !.....

L'accent de cette courte réponse indiquait moins d'étonnement que n'en comportait le hasard d'une semblable rencontre. Cependant il répéta les mêmes paroles.

— Pourriez-vous marcher? lui dit l'abbé, tout en détachant sa fustanelle, et en regardant la tache bleuâtre et entourée de quelques gouttes de sang qui indiquait le point où la balle avait pénétré.

— Je ne crois pas. Et en même temps il fit un effort pour se mettre sur son séant. — Puis il ajouta un *non* étouffé par un soupir.

— Faisons-le porter dans votre kange, dit l'abbé Ricard en se tournant vers moi.

Il était trop absorbé pour me demander mon assentiment sous une forme moins elliptique. L'inflexion de la voix contenait toutes les idées intermédiaires par lesquelles il n'avait pas le temps de passer.

Le blessé qui ne m'avait pas encore vu, parce que j'étais derrière lui, suivit du regard le mouvement de l'abbé, me reconnut, et me remercia par un mouvement de tête.

Je levai les yeux sur le cercle qui nous entourait pour aviser aux moyens d'exécution. Toutes les physionomies exprimaient la plus profonde surprise. Personne ne s'expliquait, ni comment l'Arnaout Ali et l'imam chrétien s'entendaient sans le secours d'un interprète et dans une langue inconnue même à leurs oreilles; ni pourquoi ce dernier paraissait prendre un si vif intérêt au sort de l'autre. Mon pilote nubien était aussi stupéfait que pas un, et, pour qu'il se décidât à desserrer les dents, il fallut qu'Abd'Allah lui répétât deux fois la question de savoir si parmi les spectateurs il s'en trouverait qui consentissent à porter l'Arnaout jusqu'au bateau.

A l'annonce d'un bakchich, il s'en présenta vingt pour un. On hissa péniblement le baron Lanerve sur les épaules de quatre grands gaillards qui auraient soulevé le monde, mais dont les mouvements étaient un peu brusques pour le service qu'on leur demandait, et le cortége se mit en route. Il faisait tout-à-fait nuit lorsque nous rejoignîmes la kange. Le blessé fut déposé sur la couchette de l'abbé, dans notre cabine commune. Dès que nous l'eûmes installé de notre mieux, et que nous eûmes fermé la porte au nez des curieux par lesquels notre pont était envahi malgré mes ordres et les efforts de mon équipage, l'abbé prit la main de M. Lanerve :

— Je ne dois pas vous cacher, lui dit-il d'une voix émue, que je vous crois perdu. Je ne suis pas un habile chirurgien, mais je ne pense pas que plus habile que moi pourrait vous sauver.

— Je le sens, répondit avec fermeté le blessé. Merci cependant de vos soins.

— Toutes vos pensées doivent être maintenant dirigées vers l'autre vie.

Pour toute réponse un mouvement de tête presque imperceptible.

— Il est impossible que vous ayez complètement oublié les leçons de votre mère.

Un soupir s'échappa de sa poitrine.

— Voici une mèche de ses cheveux que votre sœur m'a prié de vous remettre.....

Pendant qu'il parlait, M. Lanerve étendit le bras, prit le médaillon que lui tendait le missionnaire, le considéra quelques instants avec une expression d'attendrissement bientôt réprimée, puis, le serrant convulsivement entre ses doigts, laissa retomber sa main.

— .... Si je parvenais à vous découvrir. Elle ne se doutait guère que notre entrevue aurait lieu dans de pareilles circonstances. Elle m'avait chargé de vous supplier de revenir près d'elle, au nom....

— Quelle satisfaction aurait-elle pu trouver à revoir un frère déshonoré? s'écria avec amertume le blessé en l'interrompant.

— .... Au nom de celle qui en ce moment prie pour vous dans le ciel, poursuivit le prêtre sans changer de ton, mais en attachant sur le blessé un regard qui accusait un redoublement d'attention.

— Prières parfaitement inutiles, reprit celui-ci avec l'accent de l'ironie et une sorte de ricanement.

— Pourquoi Dieu serait-il sourd aux prières d'une mère?

Un moment de silence.

— Pourquoi Dieu...

Le blessé lui coupant la parole avec une impatience marquée....

— Parce que s'il y a un Dieu juste et si j'ai une âme, elle est maudite et damnée mille fois !

Il paraît que ce cri de désespoir était un symptôme encourageant, car à la lueur de la lanterne qui éclairait notre petite cabine, je vis la main libre de l'abbé s'ouvrir, et les muscles de son front se détendre.

— Dieu est clément, reprit-il.

— Clément....! La voix du blessé indiquait presque de l'irritation. Puis il ajouta avec le ton du sarcasme : Je vois, M. l'abbé, que vous ne me connaissez guère. Je n'en suis pas à mon premier coup de feu.... Un bruit qui n'était ni un éclat de rire, ni un sanglot, sortit de ses lèvres.... C'est moi qui ai tué la fille du consul d'Angleterre. On n'a jamais découvert l'assassin. C'est moi qui ai fait le coup.... sans compter tout le reste.

L'abbé me regarda. Je compris que je devenais de trop. Je sortis sur-le-champ, profondément ému par la scène à laquelle je venais d'assister. Cette lutte, à l'heure de la mort, entre la foi apostolique et une conscience souillée de vices et chargée de crimes, avait quelque chose de navrant.

Je ne trouvai plus sur le pont que le reïs et Abd'Allah. Par eux j'appris que le Skypetar avait été conduit chez le cheik de Bab-el-Bilal. Les Anglais et notre pilote s'y étaient aussi rendus, et assistaient à une espèce d'enquête. On avait envoyé avis des événements de la soirée au nazir d'Assouan, et un bédouïn Abadeh, monté sur un dromadaire, avait été expédié à Selim-Pacha.

Cependant la lune s'était levée. Je quittai la kange. Sur la rive, mes matelots accroupis en rond conversaient paisiblement. Je m'éloignai pour être seul. Du petit bois de palmiers sous les ombres duquel je me promenais en long et en large, on découvrait à travers la colonnade irrégulière formée par leurs troncs élancés, le lac d'argent du Nil, son encadrement de noirs rochers, et, au milieu, la sombre masse de Philæ, cette île sacrée dont aux époques pharaoniques l'accès était interdit à tout profane, et que le pied seul des prêtres pouvait fouler. Le grondement lointain de la cataracte qui nous séparait des premiers avant-postes de la civilisation ajoutait au caractère imposant de cet admirable et fantastique spectacle. Mais ni la beauté du paysage, ni le bruit des voix de mon équipage, ni le mouvement de la marche n'arrachaient mon âme à ses tristes préoccupations. Malgré moi, mon œil se dirigeait sans cesse vers la fenêtre éclairée de la cabine, et ma pensée se reportait invinciblement sur le solennel tête à tête dont elle était le théâtre, sur le grand problème moral qui se décidait dans cet étroit espace. Je guettais l'appel de l'abbé et je comptais les minutes.

J'abrège..... Une fièvre ardente ne tarda pas à éclater. Les soins les plus touchants mais les plus inutiles furent prodigués au blessé par l'excellent prêtre avec lequel la Providence lui avait ménagé une rencontre suprême. La gangrène se déclara dans la matinée du lendemain, et le malheureux baron Lanerve rendit le dernier soupir vers le coucher du soleil.

Je le vis encore peu d'instants avant sa mort. Il était calme. De temps en temps ses paupières se soulevaient, et ses yeux allaient du missionnaire qui priait à son chevet, à un petit crucifix qu'il tenait dans ses mains défaillantes.

Un quart d'heure après (j'étais sur le pont), l'abbé sortit de la cabine.

— Eh! bien ? lui dis-je.

— Son âme est devant Dieu.

Je cherchais à lire dans ses yeux le fond de sa pensée. Comprenant que mon regard était un interrogation, il ajouta :

— La miséricorde de Dieu est infinie.

J'appris plus tard que l'aîné des deux voyageurs anglais était fils du vice-consul d'Angleterre, et par conséquent frère de la jeune fille assassinée par le baron Lanerve. Sans le savoir, il avait vengé sa sœur.

ROME.

Ce que nous appelons « le monde » est à peu près inconnu à Rome. En 1845, au moins, rien de pareil n'y existait encore. La bonne compagnie s'assemblait bien de temps à autre chez un ambassadeur petit ou grand; mais, à part deux ou trois bals cosmopolites donnés par le Prince-banquier Torlonia, aux étrangers porteurs de lettres de crédit sur sa maison, — il n'y avait pas un habitant du pays qui troublât par le bruit d'une fête le silence solennel qui règne, dès les premières heures de la nuit, dans les rues de la ville éternelle. En fait de réunions de plaisir, tout se bornait à des *conversazioni* choisies et peu nombreuses chez quelques membres de l'aristocratie. Nos soirées sérieuses étaient remplacées par les visites de l'*Ave Maria*. Celles-ci sont fort en usage chez les Cardinaux. La régularité de l'heure et le petit nombre des habitués font des visiteurs un cercle de familiers, on pourrait dire d'intimes, si l'intimité n'était presque inconnue dans la ville aux Sept Collines, et si l'on n'y retrouvait encore partout la déférence des clients en face de la réserve et de la gravité sénatoriales.

D'égal à égal, dans les rangs de la bourgeoisie surtout, on ne se cherche guère à domicile : on se rencontre. Tous les jours vers vingt ou vingt-deux heures, dès dix-huit heures le dimanche, on se rend au Corso et sur la place Colonna. On y retrouve les personnes de sa connaissance, et on y devise avec elles comme jadis au *Forum*, de l'autre côté du Capitole.

Sur nos places publiques, on se promène : à Rome, on stationne. Des groupes se forment au pied d'un monument, près d'une fontaine,

autour d'une borne, devant la porte d'un café.
Les premiers jours, je regardais de tous côtés
pour découvrir la cause de ces attroupements
pacifiques. Qu'attendent ces gens ressemblés?
Rien. C'est leur manière de flâner. Se tenir
debout (1) dans la rue est l'*exercice* favori des
hommes de toutes les classes. Les élégants sont
les plus infatigables. Pendant toute un après-
midi, une *brigata* de *paini* fièrement campés
sur la hanche, drapés dans leurs manteaux, et
tenant le cigare fashionable d'une main gantée
de blanc, regardera, d'un air satisfait et superbe, passer et repasser des voitures décou-
vertes dans lesquelles se prélassent ou s'entas-
sent les femmes de tous les âges et de toutes
les conditions, car *trottare in carrozza* est le
bonheur suprême du beau sexe romain. Les gens
sérieux se voient chez les apothicaires. Il y a

---

(1) De là, sans doute, le « *Come sta lei ?* » italien. Il a déjà été remarqué plus d'une fois, que la formule par laquelle on s'informe de la santé d'autrui varie suivant les habitudes et le caractère des peuples. Le Français se sert le plus souvent d'un mot qui exprime sa vivacité, son amour du mouvement, sa mobilité : *Comment allez-vous ?* L'Anglais, actif et laborieux, dit : *Comment faites-vous ?* J'ai lu quelque part que la traduction exacte de la phrase correspondante hollandaise est : *Comment naviguez-vous ?*

peu de pharmacies qui ne soient, chaque soir, le rendez-vous de quelques causeurs. Les librairies leur font concurrence, mais elles ont le désavantage d'être fermées les jours de fête.

Faute d'un jarret assez vigoureux pour goûter les plaisirs de la jeunesse dorée, j'avais élu domicile vis-à-vis le palais Chigi, dans la boutique d'un libraire français, établi à Rome de temps immémorial, comme c'est la coutume, pour toutes choses dans la capitale de la Chrétienté. J'achetais mes livres chez M. Termin. Tout en feuilletant les volumes de son étalage, j'échangeai quelques mots, avec lui d'abord, puis avec les fidèles que j'étais à peu près sûr de retrouver chez lui chaque jour à la même heure. Pied à pied, je conquis le droit d'intervenir dans la conversation générale. Au bout de deux mois, j'étais devenu un des membres les plus assidus de la coterie à laquelle le libraire avait donné son nom. Je manquais rarement d'aller passer là une heure ou deux après mon dîner. Ce m'était une ressource doublement précieuse. D'abord, je n'avais nul autre moyen de satisfaire le besoin de sociabilité qu'éprouve tout Français aux heures où l'astre du jour arrive à son déclin, et ensuite j'y apprenais en détail une foule de choses qui ne sont dans aucun livre.

Quand on se borne à visiter Rome en touriste, on ne sait pas combien les mœurs y ont d'originalité. Ce n'est pas seulement dans ses amphithéâtres, ses temples, ses aqueducs, ses monuments de toute espèce, que le paganisme a partiellement survécu aux invasions des Barbares et au triomphe du Christianisme, mais aussi dans les habitudes et les sentiments de la population. Encore aujourd'hui, le travail manuel est méprisé par le Romain. Les gens de métier sont originaires des Duchés, des Marches, des Légations, de la Toscane, du Piémont, de la Lombardie. Tout sujet du Saint-Siége, né dans l'enceinte de l'*Urbs* antique, qui ne peut vivre oisif, fût-ce misérablement, auquel le défaut d'éducation ferme l'accès des carrières libérales et des emplois publics, et à qui manque l'argent nécessaire pour ouvrir boutique ou tenir *osteria*, — se fait soldat, douanier, sbire, *custode*, *servo*, mais artisan jamais. Il n'y a que deux exceptions : cocher et boucher ; sans doute en souvenir du cirque et de l'amphithéâtre. En automne, au mois de septembre ou d'octobre, qu'on aille vers le soir au-devant des vendangeurs du côté de la porte Majeure, ou de la porte Saint-Sébastien, et devant les Thermes de Caracalla ou à la hauteur du temple de *Minerva Medica*, on verra se détacher sur l'azur d'un ciel sans nuages, la silhouette de quelque char traîné par des bœufs aux grandes cornes enguirlandées de fleurs. Sur les raisins foulés sont pittoresquement groupés, comme dans le tableau des moissonneurs de Léopold Robert, de jeunes hommes au visage bronzé, aux cheveux flottants, aux formes élégantes et robustes, de belles femmes aux yeux noirs, aux traits réguliers, avec le cou, les épaules et les bras d'une statue antique. Au bruit sourd du char roulant majestueusement sur le pavé sonore de la voie consulaire ou impériale, se mêlent des chants et des cris. On s'appelle d'une voiture à l'autre ; on apostrophe les passants. Les fronts sont couronnés de pampres; les visages sont animés ; les mains agitent des tambours de basque ou des rameaux verts. Vous vous croiriez aux Bacchanales. Cela s'appelle maintenant les

Ottobrate; mais on y chante encore, avec d'autres paroles, les hymnes antiques de Bacchus. Rentrez dans l'ancien champ de Mars, et peut-être, la nuit tombée, rencontrerez-vous quelqu'enterrement. N'y cherchez ni parents, ni amis. Le Romain n'accompagne pas les siens à la dernière demeure. Il a horreur du spectacle de la mort, et il évite à tout prix les tristes pensées qu'éveille en lui le mystère de l'inévitable destruction. Comme ses ancêtres, qui avaient imaginé tant d'ingénieux artifices de langage pour désigner la mort sans la nommer, il écarte avec soin tout ce qui peut lui rappeler l'horrible nécessité d'être un jour retranché du nombre des vivants. Il n'attend pas toujours le dernier soupir d'un mourant pour quitter son chevet, et cachant son égoïste et poltron amour de la terre sous le masque d'une excessive sensibilité, fuit la dernière étreinte de sa femme ou de son père. Il cherche asile chez un voisin, et laisse à quelques capucins le soin de suivre au cimetière le proche auquel il n'a pas eu le courage de fermer les yeux. Désertés par les parents, les derniers devoirs le sont bien plus encore par les amis. On ménage jusqu'aux indifférents, et on n'enterre que pendant la nuit. Je suis allé regarder en curieux, sur la place de *Monte-Cavallo*, le convoi du cardinal Vitelli, mort au Quirinal. Je m'attendais à y voir tous les hauts dignitaires de Rome. Il s'y trouvait des gardes suisses, des moines, une nombreuse livrée portant des torches, et, derrière les voitures occupées par le clergé et le corps, une ou deux autres contenant les principaux de la *famiglia*, c'est-à-dire la haute domesticité. Il existe cent autres coutumes, et cela jusque dans l'Eglise, dont l'origine païenne est tout aussi reconnaissable, quoiqu'elle ne saute pas toujours autant aux yeux. Mais le secret de ces usages ne se peut apprendre qu'à la longue, peu à peu, et par les hasards de la conversation.

Sous ce rapport, la fréquentation du cercle Termin m'était fort utile. La chronique scandaleuse jouait sans doute un trop grand rôle dans l'entretien. Pour moi surtout, qui ne connaissais pas les héros de ces aventures, l'interêt n'était pas toujours très-vif, mais au milieu de beaucoup de choses insignifiantes, j'attrapais toujours au vol quelque renseignement curieux et caractéristique. *Pasquino* avait chez notre hôte des compères, qui ne manquaient pas de répéter ses mots les plus piquants et ses saillies les plus mordantes. Pas de vers satiriques qui n'y fussent aussitôt connus et applaudis. On se hâtait d'en prendre copie pour les communiquer à ses amis. Sur des feuilles volantes, tirées mystérieusement de la poche, vraies nouvelles à la main, on lisait pardessus l'épaule d'un voisin, avec l'attrait du fruit défendu, tout ce qui ne se peut imprimer. Un jour, c'est la traduction d'un article du *National* ou du *Times* battant le Saint-Siége en brèche par le mensonge, la calomnie, le sarcasme et l'outrage. Une autre fois ce sont de fausses nouvelles répandues sur la foi d'une correspondance particulière, et qui trouvent d'autant plus de créance que la source en demeure inconnue. Un beau jour, on nous apporta un édit de l'évêque de Sinigaglia ordonnant aux parents d'avertir le curé de leur paroisse des inclinations naissantes dans le cœur de leurs enfants, de rompre toute relation entre les jeunes amoureux dans le cas où le susdit curé verrait des difficultés au mariage, et, dans le cas où le dit mariage pourrait être contracté dans l'année, d'empêcher les cadeaux et les tête-à-tête ; le tout, sous peine de quinze jours de prison et confiscation des cadeaux ; plus, en cas de récidive, excommunication, expulsion des domaines par eux cultivés, si les contrevenants sont colons de l'Eglise, et, s'ils exploitent des domaines privés, exhortation aux propriétaires laïcs d'en user de même envers eux.

Mais les sujets d'observation les plus instructifs et les plus intéressants étaient les interlocuteurs eux-mêmes. Il se trouvait des gens de toute sorte à la librairie Termin. J'y rencontrais un professeur de langues, portant le titre ou plutôt le sobriquet d'abbé, car il n'avait jamais reçu les Ordres, aux yeux de qui les lettres étaient toute la civilisation, et la littérature italienne la première, presque l'unique littérature moderne ; — un chanteur de la chapelle pontificale, au teint blafard, au menton dépourvu de barbe, à la voix féminine, dont la désinvolture et la bonne humeur étonnaient beaucoup mes préjugés *barbares ;* — un cadet de grande famille, qui ayant franchi, chose rare à Rome, les limites du Patrimoine de saint Pierre et visité les contrées ultramontaines, s'était aperçu que coqueter avec les femmes, applaudir une cavatine, fumer des cigares à l'angle d'un palais, faire cent fois le tour du Pincio à cheval, monter la garde au Vatican comme garde noble, ne constituait pas le *summum* de la gloire humaine, et qui, les fumées de l'ambition lui montant à la tête, rêvait pour les Etats Pontificaux une constitution à l'anglaise, afin de donner un rôle plus important et plus relevé aux membres de l'aristocratie romaine; — un vieil avocat, docteur *in utroque jure*, dont la chimère était une république italienne avec Rome pour capitale, et qui en était encore à voir dans la Papauté, comme Rienzi, une habile usurpatrice qui avait profité des malheurs de l'Italie pour se substituer au Sénat et au peuple romains; — un aimable, spirituel, élégant *Monsignor*, grand partisan du *statu quo*, très-persuadé que le mieux est l'ennemi du bien, et qu'on ne sort d'une ornière que pour tomber dans une autre, admettant bien qu'un canal ou un chemin de fer est une bonne chose, mais de ce qu'on s'en est passé jusqu'ici, tirant la conclusion qu'on peut bien s'en passer encore et qu'il n'est pas nécessaire de se hâter.

Ces trois derniers personnages étaient comme autant de types des principaux partis politiques de Rome, où l'on s'occupait beaucoup alors des abus à corriger, des tendances réformatrices du vieux cardinal Micara, des changements qu'entraînerait la mort plus ou moins prochaine de Grégoire XVI, et où s'agitaient déjà dans l'ombre les passions révolutionnaires qui éclatèrent depuis avec tant de violence, et qui survivent encore aujourd'hui à leur défaite et à l'occupation étrangère. Du contraste des sentiments, des opinions et des caractères naissaient entre le prince, l'avocat et le prélat, non des discussions, mais des conversations, dans lesquelles on parlait politique, au milieu de beaucoup d'autres choses, et où les opinions de chacun, sans être catégoriquement exprimées, se faisaient jour par un mot, un trait, une saillie, une observation, une remarque, une réticence, une allusion, une contre-vérité ironique. J'assistais avec un vif intérêt à ces piquantes et instructives escarmouches, car elles me livraient le secret des plus importantes fractions de l'opinion publique.

Quant aux renseignements d'un ordre plus humble, je les demandais d'ordinaire à un autre habitué. Très-complaisant et de facile abord, celui-ci était un vieillard, petit, chétif, maigre, jaune et ridé à plaisir, assez pauvrement vêtu, doux, affable, d'une politesse qu'un peu plus de fierté aurait permis d'appeler exquise; ne manquant ni de finesse, ni même de malice, mais trop ami de la paix pour en user. On ne lui parlait jamais qu'en lui donnant le titre de commandeur. C'était un débris de l'Ordre de Malte. Il se trouvait à La Valette, lorsque le grand maître Hompesch rendit l'imprenable forteresse au général Bonaparte, sans même essayer de résistance, et, comme Enée, il racontait volontiers, quoique ce récit renouvelât sa douleur, les événements lamentables auxquels il avait pris part. Ses explications étaient tout-à-fait superflues. A juger des autres chevaliers d'après son aspect peu héroïque, la capitulation s'expliquait d'elle-même. Si Rhodes n'avait eu que de pareils champions, l'Isle-Adam lui-même n'aurait pu résister longtemps. Comme je prêtais à ses récits une attention que ne lui accordaient plus les autres, parce qu'il en avait trop abusé, le bon commandeur Spinelli m'avait pris en affection.

En témoignage de sympathie, il me conduisit un jour, près du *Ponte Sisto*, dans une chapelle où je vis faire un chevalier avec tout le *cérémonial d'autrefois*, chaussure d'éperons, coups d'épée sur l'épaule, serment d'exterminer les Infidèles, en présence d'une dizaine de paladins qui n'avaient de martial qu'un habit rouge et des épaulettes de colonel. La *fonction* terminée, l'un d'eux m'invita gracieusement au repas donné en l'honneur du nouveau frère d'armes. J'y fus gratifié d'une portion entière, tout comme si j'eusse été membre de l'Ordre : on me servit une tasse de chocolat et un biscuit. Tôt après ce festin, le récipiendaire partit pour ses *caravanes*. On les fait aujourd'hui dans l'antichambre du Pape.

Bientôt ma liaison avec le commandeur fut assez intime pour qu'après une conversation sur les échecs, il me proposât d'achever mon éducation. J'acceptai, et dès lors nous allâmes presque tous les soirs faire une ou deux parties au café voisin *degli scacchi*. Pour payer notre entrée nous prenions une *semata*, espèce de bavaroise, dont le prix modique était notre enjeu. Le commandeur était beaucoup plus fort que moi, et quoiqu'il me rendît un cavalier pour égaliser les chances, il me gagnait presque toujours. Ses victoires, trop faciles à remporter pour que son amour-propre en pût être flatté, lui causaient tant de satisfaction, que je finis par soupçonner le pauvre homme de n'avoir point d'autre souper que son gain de la soirée. L'empressement avec lequel il accepta la proposition d'augmenter l'enjeu de quelques gâteaux, me confirma dans cette supposition. Etait-ce un sentiment d'honorable délicatesse, ou la crainte de me dégoûter par de trop grosses pertes quotidiennes, qui l'avait empêché d'attaquer le premier la question *pâtisserie?* Je ne pus le deviner, mais une chose était visible, c'est que l'ajouté n'était pas de trop pour son appétit.

Malgré la fréquence de nos relations, il ne disait jamais un mot, ni de sa famille, ni de son genre de vie. Je ne savais pas même où il était logé. Notre partie terminée, nous nous disions adieu devant la porte du café, et chacun prenait de son côté. J'avais une fois voulu le reconduire jusque chez lui, mais il s'était montré si alarmé de ma politesse, qu'il y aurait eu méchanceté à passer pardessus la résistance qu'il opposait à mon dessein, et le profond déplaisir qu'il déguisait sous des protestations réitérées de reconnaissance pour l'honneur que je voulais bien lui faire. Une si excessive réserve ne pouvait guère avoir d'autre cause que le désir de cacher un état de gêne et de pauvreté dont il avait honte, et je me fis dès lors un devoir de respecter le mystère dont il paraissait tenir à envelopper son existence. Ce fut le plus grand des hasards qui me le fit pénétrer.

Une passion nouvelle s'était emparée de moi. Je ne me lassais pas de contempler les fresques célèbres, dans lesquelles brillent de tout leur éclat les non moins aimables que puissantes facultés de celui que la postérité a salué, comme Platon, de l'épithète de divin, de cet immortel Sanzio, mort à trente-sept ans, heureusement peut-être pour sa gloire, au moment où il allait perdre volontairement la grâce, le sentiment, la suavité, pour chercher exclusivement la force, l'énergie, le grandiose, sur les traces d'un génie plus vaste mais excessif, et dont les mâles et sublimes inspirations dépassent souvent les ressources et les limites de la peinture. Pendant que je visitais pour la vingtième fois au moins les *Stanze* de Raphaël, et qu'adossé à la *Dispute du Saint-Sacrement*, j'étais absorbé par l'admiration de l'*Ecole d'Athènes*, une main me frappa familièrement sur l'épaule. Je me retournai, et je me trouvai en face d'un camarade de collége que je n'avais pas vu depuis près de huit ans.

— Parbleu! je ne pensais guère qu'il me fallût venir à Rome pour te rencontrer, me dit-il en me tendant la main.

— *Sic voluêre fata*, répliquai-je en la lui serrant cordialement, et subitement transporté en souvenir dans notre classe de rhétorique. Paris est grand. Depuis ta sortie de Saint-Cyr, tu as presque toujours été en Afrique. De mon côté, j'ai un peu couru le monde.

— Quelle chance! Et y'a-t-il longtemps que tu es ici?

— Depuis cinq mois environ.

— Depuis cinq mois! Que diable peut-on faire ici pendant tout un semestre?

Il était clair que le brave Pognac n'était amateur ni d'antiquités ni de beaux-arts, et que je chercherais vainement à lui expliquer mon long séjour à Rome. Je lui répondis donc par une phrase insignifiante quelconque.

— Mais je flâne.... je me promène.... je cours les musées....

— Très-bien, très-bien, reprit-il en souriant et en prenant un air fin et capable. Je devine. Et pour tempérer ce que sa profonde pénétration pouvait avoir d'embarrassant, il ajouta charitablement : Du reste, je ne comptais moi-même passer ici que quinze jours, et.... bref j'y suis depuis près d'un mois.

— Et où es-tu logé ?

— *Via Felice*, n° 37.

Sur quoi, il expédia les *chambres* suivantes, fort peu attentif aux beautés du *saint Léon* et de l'*Heliodore*. Il me fit ensuite entrer à Saint-Pierre pour m'y communiquer ses impressions sur la richesse et les dimensions de cet édifice, et me faire juger de la justesse de son coup-d'œil en même temps que de la sagacité de ses observations. De là il me reconduisit chez moi par le pont Saint-Ange, m'entretenant de nos souvenirs de classe, de nos amis dispersés et de ses campagnes. Il avait été blessé, et venait passer en Italie un congé de convalescence.

Le lendemain j'allai lui rendre sa visite. Je monte un escalier presqu'aussi sale que celui d'un palais. Je sonne. Une savate traînant paresseusement sur la brique s'approche de la porte, et une voix indolente m'adresse la question d'usage. — « *Chi è.* » — « *Amici.* » On ouvre. Je me trouve en face d'une belle personne en deshabillé. Une camisole de nuit et une jupe de coton blanc, froissées, tachées, malpropres ; des bas roulés ; des pantoufles éculées ; des cheveux peu ou point peignés, mais abondants et soyeux ; un front bas, mais des yeux superbes ; le nez et la bouche d'un camée ; la tête bien attachée ; un cou admirable ; de belles épaules et une large poitrine.

— N'est-ce pas ici qu'habite M. de Pognac ?
— *Si signore; favorisca*, me répondit la Junon en casaquin de son plus gracieux sourire, et avec les minauderies d'une femme surprise par hasard à sa toilette.

J'étais trop au courant des mœurs locales pour ignorer que ce hasard est de tous les jours, chez les femmes romaines. Leur lever dure jusqu'à leur première sortie; et, pour ne point sortir de bonne heure, beaucoup de ménagères font leur marché par la fenêtre avec de petits marchands ambulants, au moyen d'un panier et d'une longue ficelle. La peine de descendre et de remonter leur est encore épargnée, dans nombre de maisons, par un ingénieux système de poulies criardes, qui permet de puiser de l'eau dans la cour commune depuis chacun des étages supérieurs.

Je *favorisai* la beauté en négligé qui venait de m'ouvrir, de mon entrée dans une grande salle carrelée dont les murs étaient nus et badigeonnés, le plafond couvert de peintures effacées. Quelques chaises en paille grise et souillée. Sur une table ronde, une *polenta*, un plat de fenouil, un *fiasco* de vin, trois assiettes. C'était l'heure du dîner de la *padrona di casa*. Sa chaise était vide, mais deux autres étaient déjà occupées : l'une par un homme de trente-cinq à quarante ans, aux traits réguliers mais durs, et dont la physionomie exprimait la bassesse et la faussceté; l'autre par mon ami, le vieux commandeur de Malte. Mon arrivée lui fut souverainement désagréable, et quelqu'effort qu'il fît pour se contraindre, le déplaisir qu'il ressentait se peignit sur son visage et se trahit dans toute son attitude. Il se leva cependant pour me saluer, mais sans mot dire et de l'air le plus confus. Je me tins discrètement à distance, ne voulant pas lui imposer l'obligation de me reconnaître plus qu'il ne lui convenait de le faire.

— *Qui, qui, signore*, me criait mon introductrice en me montrant une seconde porte.

Je m'inclinai, traversai un petit cabinet et me trouvai dans la chambre de Pognac.

— Tu as une portière qui, lavée et peignée, ferait un beau modèle pour un peintre ou un sculpteur, lui dis-je en entrant.

— Oui, elle n'est pas mal, me répondit-il d'une voix modeste, mais d'un air satisfait. C'est la *padrona*.

— Et quels sont les deux hommes que je viens de voir attablés dans ta salle des gardes?

— Il y a d'abord un mari : un grand drôle qui fait partie de la police..... Il est dehors nuit et jour, et ne rentre que pour manger.

— Et le second?

— Le vieux bonhomme? Il est oncle de la *padrona*. Figure-toi que c'est un gentilhomme, un commandeur de Malte.

— Je savais la commanderie, non la parenté. Mais comment se fait-il que la nièce d'un chevalier de Malte soit mariée à un mouchard?

— Pas le sou, mon cher. Orpheline. La nièce restait sur ses œufs. Le célibat lui était à charge. Le *policeman* était un beau garçon. Elle l'a épousé contre le gré de son oncle. Le bonhomme s'est fâché, mais la sottise était irréparable. Il lui a bien fallu en prendre son parti et accepter le fait accompli. Il ne loge pas ici, du reste; il habite quelque grenier dans le voisinage; mais il vient prendre son dîner en famille.

— Celui que je viens de voir sur la table ne m'a pas semblé un festin.

— Corbleu, non! L'ordinaire est frugal, mais ça n'empêche pas la signora Crivaccio d'être grasse et dodue. Les Italiennes vivent d'eau fraîche et de l'air du temps.

Nous étions à la veille du carnaval. Quelques jeunes gens de ma connaissance avaient organisé une partie. On me proposa d'en être. J'acceptai. Nous étions dix. Nous louâmes un omnibus que nous fîmes découvrir, et nous nous procurâmes onze costumes de polichinelle napolitain, afin que notre cocher lui-même portât l'uniforme adopté. Deux énormes sacs, contenant huit cents livres de *confetti*, furent placés aux deux extrémités du véhicule. C'étaient les magasins généraux du grand parc. Quant aux munitions de combat, chacun en avait un approvisionnement dans une gibecière. Ainsi armés en guerre, nous débouchâmes dans le *Corso*, et bientôt nous fîmes merveille par le nombre et par l'ensemble de nos décharges. Un balcon d'où les attachés de l'ambassade de France jetèrent, à ce qu'on nous assura, plus de six mille livres de bonbons en plâtre, eut seul l'avantage sur nous.

A la hauteur du palais Doria, nous nous croisâmes avec une calèche découverte, qui portait un pierrot et un domino noir. Nos succès antérieurs avaient enflé notre orgueil, et, méprisant les victoires faciles, nous ne recherchions plus que les grandes entreprises. Nous ne prenions donc pas garde à nos faibles voisins. Tout à coup le pierrot me lança d'une main sûre et vigoureuse, une poignée de *confetti* qui vinrent se briser sur mon masque noir et dont la poussière m'aveugla un instant. Aussitôt l'imprudent agresseur fut criblé de mitraille, et à un juron articulé en très-bon français je reconnus mon camarade Pognac, qui n'avait pas aussi bon marché de nous que des Bédouins, et qui pliait sous le nombre de mes vengeurs et la supériorité de notre artillerie. La provocation légitimait des représailles terribles. Aussi, en dépit des lois de la galanterie, le domino noir lui-même fut-il si vigoureusement bombardé qu'il se mit à crier miséricorde en italien, et d'une voix qui me rappela singulièrement celle de la signora Crivaccio. Comme la file des voitures se remettait en mouvement, nous lui fîmes nos adieux par l'envoi de quelques fleurs en signe de paix, et nous perdîmes bientôt de vue nos ennemis vaincus et humiliés.

Je revis Pognac quelques jours après, mais il ne me dit rien de l'aventure. Naturellement je ne lui en parlai pas davantage, pensant qu'il avait ses raisons pour se taire.

Le carnaval fini, je repris mes habitudes ordinaires, c'est-à-dire mes courses dans la ville et les environs. Un jour que j'avais dirigé ma promenade quotidienne vers le pittoresque et imposant tombeau de Cecilia Metella, je me laissai entraîner, en suivant toujours la voie Appienne, jusqu'au plateau qui doit à quelques pans de murs le nom singulier et inexpliqué de *Roma vecchia*. De là on domine toute la campagne. D'un côté les Maremnes, et dans le lointain, devinés plutôt que vus, l'embouchure du Tibre, la pauvre et triste Ostie désolée par la *malaria*, les flots bleus de la Méditerranée. Vis-à-vis, les monts Sabins, la chaîne calcaire aux flancs de laquelle sont suspendus le frais et riant Tivoli, et la féodale Palestrine. A gauche, en se tournant vers l'Est, le mont Soracte détachant sur le ciel son cône solitaire, et Rome elle-même, mais à moitié cachée par un pli de terrain et ne montrant tout-à-fait à découvert que le sommet du Capitole et la superbe coupole de Saint-Pierre. A droite, le groupe des montagnes volcaniques auxquelles Albano a donné son nom, la forêt de châtaigniers du *Monte Cavo*, les restes de Tusculum, les belles villas de *Frascati,* les ombrages poétiques de Lariccia et du lac Némi. Aux pieds du spectateur, la plaine nue, déserte, silencieuse, coupée par deux longues lignes d'aquéducs, aux hautes et étroites arcades, et sur la vaste étendue de laquelle l'œil ne découvre d'autres traces d'habitation que quelques constructions antiques s'élevant de loin en loin comme de gigantesques jalons au milieu des immenses pâturages. Il y a des sites plus admirables : il n'en est point qui aient autant de majesté. La sévère beauté des lignes, la tristesse imposante de la solitude, le souvenir de toutes les grandes choses accomplies dans cet espace qu'embrasse le regard, plongent l'âme dans une sorte d'extase.

J'en fus tiré par l'arrivée imprévue de Pognac. Assis au pied d'une tour en ruines, je me livrais à l'austère ravissement que produit sur les imaginations les plus froides la contemplation de cet incomparable paysage, lorsque je le vis déboucher du vallon qui porte le nom de la nymphe Egérie. Comme il se dirigeait de mon côté, je me levai pour aller à sa rencontre.

— Tiens, te voilà, me dit-il en m'abordant

le sourcil froncé. Qu'est-ce que tu fais dans ce désert ?

— Et toi-même, répartis-je? car je suis plus étonné de t'y voir que tu ne peux l'être de m'y trouver.

— Moi! Je viens prendre l'air et me calmer les nerfs.

— Le fait est que tu as l'air bien maussade. Quelle mouche te pique?

— Scélérat de pays! où les calotins se mêlent de tout ce qui ne les regarde pas.

— A qui en as-tu?

— Au curé de ma paroisse, morbleu, qui vient, à mon sujet, de faire une scène à ma *padrona*, qui crie au scandale et la menace de tous les supplices dans ce monde en attendant ceux de l'autre, parce qu'elle a passé un après-midi avec moi en voiture pendant le carnaval.

— Mais, mon cher, c'est son devoir d'admonester ses paroissiens. Il en répond à Dieu âme pour âme.

— Eh! ventrebleu, qu'il les admoneste tant qu'il lui plaira, mais qu'il se contente de les prêcher.

— Il ne s'agit pas de brûler ta *padrona*, je pense.

— Ma foi, presque. Du reste, je ne comprends rien à tout ce qu'elle m'a débité. Il paraît que nous marchons vers Pâques... Bref, la signora Crivaccio est sommée de me mettre à la porte, de se confesser, de communier, le tout sous peine d'être incarcérée au Saint-Office, et de voir son nom affiché à la porte de l'église, des basiliques.... Que sais-je, moi.

— Sérieusement.

— Comme j'ai l'honneur de te le dire.

— Ce n'est pas possible. Je n'ai jamais entendu parler de rien de pareil.

— Tu n'es pas au bout. Le même curé doit avoir charitablement averti le mari de l'escapade de son épouse, car depuis deux jours il fait le diable à quatre, et prétend traduire sa femme devant le tribunal du cardinal grand-vicaire, moyennant quoi me voilà impliqué dans une affaire très-désagréable.

Pognac n'avait garde de s'arrêter en si beau chemin, et durant un quart-d'heure s'espaça de ce ton sur le compte du gouvernement ecclésiastique. Il ne sortit de ce sujet que pour entamer le panégyrique de la vie d'Alger, où, en dehors du service, chacun est maître de ses actions, et où on n'entend jamais parler de son curé. Ni les catacombes de Saint-Sébastien, ni le tombeau des Scipions, ni les ruines du Palatin, ni le théâtre de Marcellus, n'attirèrent son attention et ne réveillèrent dans son esprit nos communs souvenirs classiques.

Quelqu'invraisemblables que me parussent les poursuites dont il disait la signora Crivaccio menacée, Pognac semblait si sûr de son fait, que je résolus de m'éclairer sur ce point. A cet effet, je m'adressai dès le soir même au gracieux et séduisant *monsignor* que je rencontrais presque tous les jours à la librairie Termin.

— Est-ce qu'on peut être forcé de faire ses Pâques, lui dis-je ?

— Mais on y est obligé par les commandements de l'Eglise, me répondit-il prudemment.

— Très-bien, mais ce n'est pas de l'obligation morale que je veux parler. Est-il vrai que le refus de remplir le devoir pascal peut être puni de la prison ?

— Pourquoi pas ?

— Pourquoi pas, m'écriai-je! Parce qu'il ne m'entre pas dans l'esprit qu'un acte de foi puisse être ni exigé, ni accompli par peur des gendarmes.

— Vous n'êtes si surpris que parce que vous jugez la chose avec vos idées françaises. Contraindre par la force un incroyant à s'approcher des sacrements serait assurément un tort, mais ce n'est pas de ce point de vue que part notre législation.

— Qu'importe le point de vue! Vous courez toujours le risque de pousser au sacrilége.

— Si la foi est perdue, oui; mais si elle survit au relâchement, non; car s'il croit, celui que vous emprisonnez reculera devant le sacrilége, et la rigueur ne produira qu'un effet salutaire, celui de le ramener dans la bonne voie.

— Comment distinguer si la foi est oui ou non perdue?

— Lorsque la loi a été faite, tous croyaient. Maintenant, il est vrai, il y a des incrédules, mais aussi on ne l'applique plus.

— On menace de l'appliquer, du moins.

— Bien rarement, et quand on ne peut pas faire autrement.

— J'en connais un exemple tout récent, répliquai-je, et je lui racontai l'histoire de Pognac.

Pendant mon récit, il souriait malignement et me regardait d'un air moqueur. Lorsque j'eus fini, il me dit en branlant la tête :

— Il y a quelque anguille sous roche. Si les choses étaient telles que vous me les dites, le curé n'aurait pas menacé du Saint-Office. En tout cas, vous pouvez être sûr que ce n'est pas lui qui a donné l'éveil au mari.

Après un instant, il ajouta : Nommez-moi les personnes : je m'informerai, et vous verrez qu'on vous a trompé.

— Un camarade de collége ! et à quoi bon ?

— Mais si dans cette affaire votre ami était la première dupe. C'est ce qu'il y a de plus probable.

Pensant que mon indiscrétion pouvait être utile à Pognac, je donnai à Monsignor Grana les renseignements qu'il me demandait.

— *La Crivaccio*, reprit avec vivacité mon interlocuteur. *Basta, basta*. Ce n'est plus probable, c'est certain. Je connais la princesse... de réputation. Savez-vous qu'elle est nièce de notre ami le commandeur?

— Oui, dis-je, parce que je l'ai rencontré chez elle en allant voir Pognac. Depuis ce jour-là même, le pauvre homme m'évite avec autant d'empressement qu'il en mettait auparavant à me rechercher.

— C'est que la parenté n'est pas flatteuse. A demain.

L'expérience consommée dont Pognac se targue volontiers, ne lui a pas servi beaucoup, paraît-il, en cette occurrence, pensais-je en traversant la place d'Espagne pour regagner mon domicile.

Monsignor Grana fut exact au rendez-vous.

— J'avais bien deviné, me dit-il, en me tirant à l'écart. Le curé n'est intervenu que parce qu'il y était absolument forcé. Une plainte a été adressée par Crivaccio au cardinal grand-vicaire, à la juridiction duquel appartiennent les causes matrimoniales. Dès là qu'une procédure officielle était entamée, il n'y avait pas moyen de reculer.

— Mais alors l'affaire est assez sérieuse, et peut devenir fâcheuse pour Pognac.

— Certainement ; mais puisque vous le connaissez, je veux, par votre intermédiaire, lui donner un conseil. Crivaccio est un misérable, un affreux coquin qui fait argent de sa honte. En tout ceci, soyez-en sûr, il n'a qu'un but : tirer profit du bruit et du scandale. Ce que votre ami a de mieux à faire, c'est d'acheter le retrait de la plainte, et de quitter Rome le plus tôt possible.

— Merci de l'avis, répondis-je à l'obligeant prélat, mais puisque vous êtes assez bon pour venir en aide à Pognac, veuillez m'indiquer le moyen de négocier ce désistement.

Monsignor Grana poussa son tricorne en arrière, se gratta le front en regardant ses bas violets, et en roulant entre ses doigts l'extrémité de son petit collet. Après une demi-minute de réflexion : Le meilleur moyen, me semble-t-il, serait de faire agir Spinelli.

— Le commandeur, m'écriai-je stupéfait. L'oncle acheter du mari....

— Comme je vous le dis, reprit avec le plus grand sang-froid mon interlocuteur. Pensez-vous que Spinelli ne soit pas au moins aussi désireux d'étouffer l'affaire que votre ami? C'est son allié naturel.

— Soit, mais il s'agit d'un pacte ignominieux pour son neveu par alliance.

— Eh ! croyez bien que Spinelli sait à quoi s'en tenir sur son compte. Si le pauvre commandeur avait de l'argent, il aurait déjà payé le silence de Crivaccio. Il ne s'agit que de lui fournir ce qui lui manque.

— Jamais je n'oserais lui en ouvrir la bouche.

— Qui vous dit de lui infliger cette humiliation? Apprenez, jeune homme, de quelle importance est la forme en toutes choses. Mettez cent *scudi* dans une bourse, et envoyez-la à Spinelli avec un billet.

— Conçu en quels termes, bon Dieu ?

— Quelque chose comme ceci : « Au très-illustre et très-noble chevalier Spinelli, commandeur de Malte, pour sauver l'honneur de sa nièce compromis par une imprudence. » Il saura bien à qui remettre le message.

— Cent *scudi*, dites-vous ?

— Oui. C'est dix fois plus que ne vaut

l'honneur de la Crivaccio, mais il faut compter avec la cupidité du mari.

— Et vous croyez que le retrait de la plainte arrêtera les poursuites?

— J'en suis sûr. Dans un cas comme celui-ci, l'autorité ne demande qu'à fermer les yeux.

— Et le curé?

— Que votre ami parte pour Naples ou pour Florence, et laisse la Crivaccio se tirer d'embarras. Elle trouvera bien quelqu'expédient.

Le soir même j'écrivis à Pognac de venir chez moi, et je lui communiquai les renseignements et les conseils que je venais de recevoir à son adresse. Il en fit son profit, et le lendemain couchait à Cisterna, à l'entrée des Marais Pontins. La négociation secrète, confiée à la sagacité du commandeur, réussit sans doute à souhait, car nous n'entendîmes parler de rien. Ni Monsignor Grana, ni moi, ne lui ouvrîmes naturellement la bouche de l'aventure. Peu à peu il reprit avec moi son aménité ordinaire, et comme en définitive il était beaucoup plus à plaindre qu'à blâmer, je renouai mes relations avec lui sur l'ancien pied.

J'avais oublié cette histoire et je pensais

beaucoup moins à Pognac qu'aux Tarquins, lorsque revenant un soir de dessiner les ruines élégantes et pittoresques du temple de Vénus et Rome, je le rencontrai sur la rampe qui du Forum monte au Capitole. Il fumait un cigare, et foulait d'un pied indifférent les dalles de la voie sacrée, *nescio quid meditans nugarum*.

— Te voilà de retour ici, lui dis-je étonné.

— Oui.... j'ai mieux aimé revenir par terre qu'en bateau à vapeur.

— Et tu loges ?

— *Via San Felice*, n° 37.

— Encore une fois !

— C'était comme convenu, reprit-il avec le ton décidé d'un homme qui se résout à confesser une faiblesse.

— Et le mari ?

— Il est en prison, accusé d'escroquerie ; autant dire condamné, car j'imagine que les preuves ne manqueront pas.

— Soit, mais les Pâques...? Tu me dis que c'était convenu.

— Tout soudard que je suis, j'en ai eu des scrupules. J'ai demandé des explications. Tout s'est très-bien passé.

— Le curé s'est aussi désisté ?

— Non, mais on lui a présenté le billet qu'on donne aux communiants pendant le temps pascal.

— On a communié alors?

— Non pas.

— Mais le billet?

— Tranquillise-toi, mon cher, on l'a acheté.

— Acheté! Alors le sacrilége a été commis par un autre.

— Pas du tout.

— Donne-moi le mot de cette énigme.

— Le voici : Il y a des âmes vraiment pieuses qui communient plusieurs fois pendant le temps prescrit, et qui cèdent charitablement à leurs frères dans l'embarras les récépissés qu'elles ont en trop.

— Ah! Et cet honnête commerce est-il lucratif?

— Pas beaucoup. Il paraît qu'il y a concurrence, car la marchandise n'est pas chère.

— Bref, cela coûte?

— Quelque chose comme huit ou dix *Paoli.*

VENISE.

La place de l'académie des beaux-arts est l'un des points les plus pittoresques de Venise. Devant son quai de marbre s'étend un admirable panorama. Pour premier plan, de tous côtés, le large canal qui sépare les deux principaux groupes d'îlots sur lesquels la ville est bâtie. A gauche, pardessus le palais Balbi, le haut campanile de l'église des Frari, si riche en œuvres d'art et en tombeaux historiques, où l'habile Canova repose dans un superbe mausolée, tandis que le grand Titien gît sous une simple dalle de pierre; et, plus près, au coude formé par le *canalazzo*, l'élégante et noble façade, les fenêtres ogivales, les galeries sarrasines du vaste palais Foscari, aujourd'hui désert et menaçant ruine, demeure princière autrefois de la puissante famille dont la haine impitoyable des Lorédan voua les derniers membres à une fin tragique, habitation vraiment royale, où plusieurs souverains reçurent de la République une magnifique hospitalité. A droite, à l'extrémité d'une longue file de palais, détachant leur silhouette bleuâtre sur un ciel brillant, les gracieuses coupoles de *Santa Maria della Salute*, qui, portée sur douze cent mille pilotis, projette jusqu'à la mer un immense escalier dont la marée couvre et découvre tour à tour les derniers degrés (1); et, plus loin, à l'horizon, devant les bouquets d'arbres du jardin public, quelques navires grecs ou dalmates réfléchissant leurs pavillons bleus, rouges, blancs, leurs mâts élancés, leurs voiles négligemment carguées et à demi-pendantes le

---

(1) En réalité l'escalier de la *Salute* est séparé du grand canal par un quai; mais dans ce quai ont été taillés des degrés qui de loin semblent faire corps avec l'escalier, et en figurent le prolongement jusqu'à la mer.

long des vergues inclinées, dans les ondes immobiles d'une mer sans tempêtes. Vis-à-vis, entre le charmant palais Cavalli, aux arcades finement découpées en trèfles, et la modeste maison qui a usurpé le nom de Marino Faliero, les treilles ombreuses de San-Vital, sous lesquelles s'abritent contre les ardeurs du soleil les gondoliers du *traghetto* (1).

Sur la place même, à côté des chefs-d'œuvre de Bellini, de Palma, de Giorgione, du Titien, de Véronèse, du Tintoret, dans la *Cà-Querini* (2), dépendance du *palazzino Gambara*, j'avais trouvé deux chambres et une terrasse. Dans un jardinet contigu verdoyaient quelques plantes grimpantes, et, chose rare à Venise, un arbre, un arbre véritable, un acacia pourvu de feuilles, et assez haut pour que sa cime donnât quelqu'ombrage à mon entresol. Mes fenêtres s'ouvraient sur le grand canal. De ma terrasse j'avais précisément la vue dont on jouit de la place elle-même. Que d'heures j'ai passées dans

(1) On désigne sous le nom de *traghetto* les points du grand canal où sont établies des stations de gondoles, lesquelles font l'office de bac moyennant une faible rétribution.

(2) *Cà-Querini*, abréviation de *Casa Querini*.

la contemplation de ce merveilleux spectacle ! Que de fois je me suis levé dès l'aube pour voir le ciel se colorer peu à peu, dans la direction du Lido, des teintes les plus riches, les plus variées et les plus éclatantes, tandis que la nuit enveloppait encore de ses dernières ombres les palais silencieux et les canaux déserts ! Dans aucune des villes que j'ai visitées, je n'ai trouvé un gîte aussi poétique. L'obscurité venue, de la porte de mon logis, je pouvais me jeter à la mer, et, sous un firmament étoilé, nager dans une eau plus noire que celle du Styx, renfermée qu'elle est entre deux longues lignes de sombres et muets édifices, et sur laquelle de temps à autre glissait sans bruit une gondole presqu'invisible. Le jour, j'avais vingt croquis à faire sans sortir de chez moi, tout en regardant passer et repasser sans cesse *di quà al di là dell'acqua* les gondoles du *traghetto*, l'un des plus animés de Venise ; tout en écoutant les chansons ou les disputes des gondoliers, gens d'humeur criarde mais au fond pacifique, et dont l'inoffensive colère devient d'autant plus bruyante qu'une plus grande distance les sépare et les empêche d'en venir aux mains.

La *Cà-Querini* appartenait à l'un d'eux, le vieux Beppo, qui avait ramé sur le Bucentaure au mariage du dernier doge avec l'Adriatique. Comme on le pense bien, il était très-fier du rôle qu'il avait joué dans ces noces symboliques, et il s'étendait avec autant de complaisance sur la splendeur de son propre costume que sur celle de la fête. De mon côté je le questionnais volontiers sur les mœurs populaires de l'ancienne Venise, et c'était naturellement près de lui que je me renseignais sur les habitudes de la gent batelière.

— Quel est le plus habile rameur de Venise, lui dis-je, un jour que me conduisant à Saints-Jean-et-Paul il avait été heurté dans l'étroit et sinueux *rio dei Fuseri* par un gondolier maladroit?

Pour obtenir une réponse, il me fallut attendre que Beppo eût épuisé tout son arsenal d'injures. Quand sa colère se fut déchargée tout à l'aise, je lui répétai ma question.

— Le plus habile.....! Ils sont tous de la force de celui qui vient de se lancer sur nous comme un Uskok. Les jeunes gens d'aujourd'hui ne savent plus tenir une rame, *Signore*.

— Comment, repris-je! Dans tout Venise il n'y a pas un bon gondolier?

— J'ai perdu ma vigueur d'autrefois, me répondit-il avec une vanité naïve qui me fit sourire. Si vous m'aviez vu conduire une gondole, il y a seulement vingt-cinq ans! Excepté Nasone, personne ne pouvait me tenir tête. Mais tout a dégénéré à Venise depuis que le lion de l'horloge a tourné la page (1). Maintenant Barbarigo est le seul qui sache un peu manier la rame.

— A quel traghetto ce Barbarigo est-il attaché?

Le vieux Beppo haussa les épaules. J'avais les apparences d'un homme *éduqué*; je possédais des livres; je les lisais même, et je ne savais pas ce que c'était que le signor Barbarigo.

— *Mà xè un nobile*, reprit-il avec une

---

(1) La tour de l'horloge est située sur la place Saint-Marc. Le lion de saint Marc y est représenté tenant sous sa griffe un évangile avec ces mots : *Pax tibi, Marce, evangelista meus*. En 1797 on y substitua la devise d'origine française : *Droits de l'homme et du citoyen*. Ce changement fit dire aux gondoliers que le lion avait tourné la page.

expression visible de commisération pour mon ignorance.

— Ah ! repris-je tout confus. C'est un Barbarigo du livre d'or.

— *Sior, si.* Son grand-père était des *Pregadi.* Je me le rappelle bien : un grand homme aussi sombre que le *rio di Palazzo.*

— Et le petit-fils conduit la gondole, répliquai-je avec émotion ?

— *Per zu piazer*, reprit vivement Beppo, désolé de me voir débiter tant de sottises. *Per zu piazer.*

— Très-bien, très-bien. C'est un amateur.

— *Sior, si. Xè un dilettante.* Le plus beau et le meilleur jeune homme de toute la ville.

Puisque c'était d'un *gentleman* qu'il s'agissait, j'étais surpris de ne l'avoir jamais rencontré. Ma bonne étoile m'avait fait retrouver à Venise un ami qui l'habitait depuis près de deux ans. Par M. de Brémond j'avais été mis, dès mon arrivée, en relation avec tous les habitués de Florian et de la *Fenice*, c'est-à-dire avec presque tous les jeunes Vénitiens. Or, j'étais à peu près sûr que l'aristocratique gondolier dont me parlait Beppo, ne s'était jamais mêlé à notre bande joyeuse.

Mon premier soin en abordant M. de Brémond fut de lui demander s'il connaissait le *nobile* Barbarigo, au sujet duquel, par une espèce de pressentiment, ma curiosité était vivement excitée.

— Beaucoup, me répondit-il.

— Et dans quel coin du café est-il caché? Je ne crois pas l'avoir jamais vu.

— Il vient très rarement sur la *piazza*. C'est un original. Il passe toutes ses soirées à ramer comme un galérien.

— Original, dites-vous. Raison de plus pour que je désire faire connaissance avec lui.

— Vous n'êtes pas dégoûté. Pour parler sérieusement, Barbarigo est peut-être le plus distingué des jeunes hommes de Venise. Si vous venez au *fresco* de ce soir, je vous présenterai à lui. Il y sera indubitablement.

Dans nos villes de garnison il est d'usage que les colonels envoient de temps à autre leur corps de musique, pendant la belle saison, sur la principale place publique du lieu, où se pressent alors des promeneurs plus nombreux que d'habitude. A Venise, c'est d'ordinaire sur la place Saint-Marc que se font entendre les excellentes musiques des régiments autrichiens. Quelquefois cependant, on embarque, soit l'une d'elles, soit la *banda* du théâtre, sur un grand bateau plat, qui, toué par des canots à rames, parcourt lentement le grand canal. Une armée de gondoles lui font cortége, se pressant et se croisant en tous sens. Les plus jolies femmes de Venise, nonchalamment étendues sur de moëlleux coussins, vêtues de fraîches toilettes dont l'éclat est rehaussé par la couleur sombre des gondoles, répondent gracieusement de la tête et de la main aux saluts des jeunes élégants, et échangent quelques mots avec celles de leurs amies ou de leurs rivales que le hasard leur donne pour voisines. L'orchestre flottant, et son escorte à la fois animée et silencieuse s'avancent entre deux rangées de palais de toutes les époques et de tous les styles, chefs-d'œuvre presque tous, les plus anciens, d'une génération d'architectes dont, excepté maître Bartoloméo (1), le nom n'est pas plus connu que celui des artistes par qui furent élevées nos cathédrales gothiques, les autres, des grands maîtres de la Renaissance, Lombardo, San-Sovino, Longhena, San-Michieli. Leurs sonores échos de marbre s'éveillent et retentissent un instant du son des instruments pour retomber bientôt dans le morne et majestueux silence de l'abandon et de la mort. Lorsqu'on arrive à l'extrémité de Canareggio, le soleil est déjà couché derrière les monts Vicentins, mais le ciel encore embrasé par ses derniers rayons empourpre le tranquille miroir des lagunes. Pendant que la flottille vire de bord, le ponton des *suonatori* s'illumine, et on redescend vers la *piazzetta*, goûtant avec délices la fraîcheur du crépuscule et le charme d'une sérénade nocturne. La nuit vient vite, en effet, et lorsqu'on arrive à la hauteur de la *Cà-Doro* ou du *fondaco dei Tedeschi*, déjà elle est assez épaisse pour qu'on puisse allumer les feux de Bengale. Ceux-ci projettent à droite et à gauche sur la façade

---

(1) C'est de lui que sont le palais Foscari et la belle porte *della Carta* au palais ducal.

des palais les teintes rouges d'un incendie, et donnent aux promeneurs, aux gondoliers surtout, un aspect fantastique, en laissant dans une ombre épaisse les *rio* latéraux et les grandes masses de pierre, qui, en avant et en arrière, détachent leurs hautes et noires corniches, leurs cheminées évasées comme un tromblon, sur un ciel étoilé.

M. de Brémond avait retenu une gondole pour la soirée. A l'heure convenable, nous gagnâmes ensemble la *piazzetta*, où le fidèle Marco attendait son *paron*. Ce Marco était un superbe garçon, de taille moyenne, mais vigoureusement taillé, aux cheveux épais et ondulés, au front large et proéminent, aux sourcils accusés, à l'œil vif, à la physionomie vulgaire, mais ouverte, énergique et intelligente. Ces qualités extérieures avaient fortement prévenu en sa faveur M. de Brémond qui, en qualité d'artiste, était plus sensible qu'un autre à l'attrait de la beauté. Il avait pris Marco sous sa protection. Lors de son arrivée à Venise, l'esquif du beau nautonnier était une de ces barques pesantes qui sont aux gondoles ce qu'est une lourde berline à un léger phaëton : il l'avait aidé de sa bourse à échanger son gros bateau contre une svelte gondoline. Parvenu au comble de ses vœux, Marco avait conçu pour son bienfaiteur une affection presque filiale, et lui témoignait sa reconnaissance par le joyeux empressement qu'il mettait à le servir. Du plus loin qu'il nous découvrit, il courut à la *riva*, et, pour ranger plus vite sa gondole le long du quai, barra insolemment le chemin à celle de la duchesse de Berry qui accostait dans le même moment. A peine avions-nous fait quelques brasses qu'il interpella M. de Brémond d'un ton suppliant.

— Sior ? dit-il en portant la main à la hanche.

En hochant la tête et de l'air d'un père qui cède à quelque fantaisie d'un enfant gâté, M. de Brémond lui fit un signe de consentement.

Sur-le-champ Marco tira d'une cachette un bonnet et une ceinture de laine rouge. Il paraissait heureux comme un roi en se couvrant la tête et en se ceignant les reins. Sa toilette achevée, il se redressa avec fierté, et, en reprenant sa rame, promena tout alentour sur l'onde amère un regard souverain.

Il faut savoir que de temps immémorial (1) les bateliers de Venise sont divisés en deux corporations, qui, de leurs quartiers respectifs, le *Castello* et l'île *San-Nicolo,* ont reçu le nom de *Castellani* et *Nicolotti.* Ceux-ci ont le noir pour marque distinctive, tandis que le rouge est l'insigne des premiers. Comme leurs rivalités entraînent quelquefois des rixes sur les canaux, la police autrichienne défend aux gondoliers de porter les couleurs de leur corporation, à moins que leur patron, qui sait à quoi il s'expose, ne les y autorise. Ainsi que les nobles Vénitiens, lesquels étaient affiliés soit à l'une, soit à l'autre association, M. de Brémond, entraîné par son faible pour Marco, avait épousé la cause des *Castellani,* et prenait souvent plaisir à voir son protégé, qui, en dépit des dédains du vieux Beppo pour les jeunes *barcaroli,* était un très-habile rameur, lutter de vitesse et d'adresse

---

(1) Quelques auteurs font remonter la division des *barcaroli* en deux partis rivaux à la fondation même de Venise, dont les premiers habitants seraient originaires, les uns d'Heraclée et les autres d'Aquilée.

avec quelque notable gondolier du parti contraire. Nous partîmes donc en guerre sous la bannière du Castello. En quelques minutes nous eûmes rejoint le ponton des musiciens, et la flottille qui grossissait sans cesse autour d'eux. La ceinture rouge de Marco excitait la jalousie de ses confrères et l'humeur belliqueuse de ses adversaires. Il souriait aux uns d'un air satisfait et défiait les autres du regard, mais du regard seulement, M. de Brémond lui ayant défendu d'engager aucune course avec les Nicolotti. Marco résista à la tentation jusqu'au moment où le hasard nous plaça dans le voisinage d'une gondole conduite par un jeune rameur, bien découplé, qui portait la ceinture noire. A sa vue, il ne put retenir son cri de combat. L'orchestre jouait des airs de Guillaume Tell. Les mélodies alpestres de Rossini nous transportaient par l'imagination au milieu des pâturages, des torrents et des forêts de la Suisse, et ces souvenirs de la fraîche et verte nature des montagnes formaient un délicieux contraste avec les beautés architecturales de Venise, où tout est l'œuvre de l'homme; où l'eau douce vient de terre ferme sur de grands bateaux; où l'on ne rencontre jamais ni un bœuf, ni un veau, ni même un mouton; où beaucoup de personnes n'ont jamais vu d'autres chevaux que ceux de Saint-Marc, d'autres bois que les bosquets du jardin public et du Lido. L'exclamation de Marco nous tira de notre rêverie. Déja nous étions lancés, et nous passions comme une flèche devant les trois palais Mocenigo. Le Nicolotto avait quelques brasses d'avance sur nous. Il entonna à demi-voix une chansonnette populaire qui sert de thème aux lazzis des deux factions :

— ..... *La me vuol dare un zovine Castellano.*
Un zovine Castellano, no lo voi, nò, nò !
Che tutti i zorni li mi fa magnar i gambari.

— *Che tutti i zorni li mi fa magnar le seppe* (1),

répondait Marco en appuyant sur sa rame.

En moins de quelques minutes nous étions devant la *riva del Carbon*.

— Marco paraît deviner votre désir de faire

---

(1) *Gambari,* écrevisses ; *seppe,* sèches ; allusions aux couleurs distinctives des deux partis.

connaissance avec Barbarigo, me dit M. de Brémond. Nous lui donnons la chasse.

— Comment, c'est lui qui rame devant nous! m'écriai-je étonné, car la désinvolture du Nicolotto n'avait rien d'aristocratique, et Marco le prenait tout-à-fait avec lui sur le pied de l'égalité.

— Non pas. Aujourd'hui, il se fait conduire. Nous n'avons affaire qu'à son gondolier, sans quoi nous ne gagnerions pas sur lui.

La distance qui séparait les deux barques devenait moindre en effet. Averti de notre approche par le frémissement de l'eau, le jeune patricien, qui jusque-là n'avait pas semblé prendre garde à la lutte engagée entre nos gondoles, se retourna pour juger de l'avantage que nous prenions sur lui.

— *Schiavo*, lui cria M. de Brémond en le saluant de la main.

En homme qui a du sang diplomatique dans les veines, le descendant d'Augustino Barbarigo profita dextrement de l'occasion qui s'offrait à lui d'échapper à une défaite imminente, et donna l'ordre à son gondolier de nous attendre. En deux ou trois coups de rame nous fûmes à côté de lui.

— Vous êtes bien difficile à joindre aujourd'hui. Je cours après vous pour vous présenter un de mes amis, M. Etienne de Morvillars.

Nous portâmes ensemble la main au chapeau en faisant une inclination. *Il nobile* Barbarigo répondit en très-pur français par une phrase polie. Je fus sur-le-champ frappé de la beauté et de la finesse des traits de son visage : un front blanc et uni comme celui d'une femme, haut, mais un peu étroit; des yeux bleus très-expressifs; un nez long et fin; un teint clair mais hâlé par le soleil; une barbe blonde, d'une longueur sénatoriale. La conversation s'engagea entre les deux gondoles. J'avais affaire à un homme bien élevé, intelligent, mais froid et sérieux. Pendant que nous causions, nos gondoliers, sur un signe, firent volte-face, et nous ramenèrent près de la flottille, ne rivalisant plus cette fois que de grâce et d'élégance. Comme un bateau qui venait à notre rencontre nous allait séparer, M. de Brémond, en manière d'adieu, dit à son grave ami :

— Nous irons un de ces matins voir vos tableaux.

— Est-ce qu'il a une belle galerie? dis-je

à mon tour, lorsque nous fûmes à distance.

— Son grand-père en avait une fort belle, mais elle est maintenant dispersée.

— Vendue?

— Vendue. Comme celle de la plupart des patriciens, la grande fortune des Barbarigo était fortement entamée par de folles dissipations dès avant la chute de la République. Cette révolution a consommé leur ruine. A petit bruit et peu à peu, les tableaux sont partis pour l'Angleterre ou pour la Russie.

— En part-il encore ?

— Non. Si le père de Barbarigo avait vécu plus longtemps, ils auraient tous disparu, mais il est, lui, plus résigné à la médiocrité, et sait vivre avec le peu qui a été sauvé du naufrage. Le palais de sa famille est délabré, mais libre d'hypothèques. Il y conserve les quelques toiles que Titien, y a peintes et qui y sont presque seules demeurées.

— Que lui reste-t-il à peu près ?

— Je n'en sais rien. Pas grand'chose, mais ici la vie est à si bon marché ! Sa gondole est sa seule dépense.

Jadis, les nobles Vénitiens apprenaient à

conduire une gondole, comme les gentilshommes de terre ferme apprenaient à monter à cheval. Le maniement de la rame était leur exercice favori, et faisait partie de ce qu'on appelle en pédagogie les talents d'agrément. Il était de mode à Venise d'aller voguer sous les balcons des dames, comme ailleurs de caracoler sous leurs fenêtres. Le genre de distinction que donnent aux yeux des hommes et des femmes l'aisance et la hardiesse à cheval, on le gagnait par de la grâce et de l'habileté l'aviron à la main. Giovanni Barbarigo était presque seul resté fidèle à cette tradition nationale, et, par patriotisme au moins autant que par goût, s'était appliqué à exceller dans l'art du *barcarolo*. Presque tous les soirs, il conduisait lui-même sa gondole sur le grand canal. On ne le rencontrait même que là. Il n'allait jamais dans le monde, et rarement au théâtre. M. de Brémond me dit qu'il passait toutes ses journées dans son cabinet, lisant beaucoup et travaillant, supposait-on, à une histoire de la République. Il avait pour Venise, pour sa grandeur déchue, pour sa gloire éclipsée, un amour et une admiration passionnés.

Cette existence active et studieuse ne ressemblait guère à la vie molle, oisive et inutile du reste de la jeunesse vénitienne. Les provinciaux du bon vieux temps trouvent qu'à Paris on fait de la nuit le jour. Que diraient-ils de Venise, où l'on va dans le monde à l'heure où bien des Parisiens en sortent! Un homme comme il faut ne sort jamais du lit avant onze heures. Son sommeil n'est interrompu, ni par le bateau qui, lentement et silencieusement, glisse dans l'eau dormante du canal sur lequel sa chambre prend jour, ni par le bruit des passants dans la *calle* voisine, car le peuple lui-même ne porte que des escarpins dans cette ville originale, où la boue est inconnue, où les places, les rues, les plus humbles ruelles sont couvertes de grandes dalles de pierre. Vers midi, il arrive d'un pas indolent sur la place Saint-Marc. A peu près en même temps que lui, ses amis débouchent de divers côtés, qui par la *Merceria*, qui par la *Frezzeria*. Chacun vient prendre une tasse de chocolat, ou, s'il fait chaud, du *caffé in ghiaccio*. Ne cherchez point de Vénitiens au café Quadri, sous les *Procuratie vecchie*. C'est le rendez-vous des officiers *Tedeschi*, dont ils affectent de vivre entièrement séparés. Tous vont en face, sous les *Procuratie nuove*, au café Florian d'universel renom. Là, ils trouvent leurs compagnons de plaisir, les nouvelles, les journaux, et plusieurs même leurs lettres. Une bouquetière friulane vient leur offrir une fleur qu'ils placent à leur boutonnière. A Venise, où les jardins sont rares, une rose est plus qu'une parure : c'est une image de la verdure absente, un parfum qui fait souvenir des riantes villas de la terre ferme. Le difficile est de gagner trois heures. Le déjeuner fini, galeries et cafés se vident peu à peu. Bientôt plus personne à qui parler. La place est abandonnée aux pigeons de saint Marc, qui attendent leur repas de l'après-midi (1). Pour tuer le temps, on va fumer un cigare et converser chez un ami, jusqu'à ce que sonne l'heure des visites. On se rend alors chez les femmes de son intimité.

---

(1) Du temps de la République, les pigeons de saint Marc étaient nourris aux frais de l'Etat. Un employé des greniers de la ville leur jetait tous les jours leur ration à deux heures après-midi. Après la chute de la République, une patricienne pourvut par un legs spécial à leur nourriture.

C'est sur ces visites que s'exerce la malignité des gens du monde, et, comme on le pense bien, les chroniques scandaleuses ne manquent pas dans une ville de tout temps célèbre par ses mœurs voluptueuses. On dîne de bonne heure. Les amis de M. de Brémond prenaient leur repas en plein air, devant la porte d'un restaurant voisin de la Piazza. Nous y allions en bande de chez Florian, et chez Florian nous retournions en bande pour prendre le café. Les cigares allumés, on se disperse par petits groupes et on monte en gondole. Les uns suivent le grand canal dont on ne se lasse jamais d'admirer les pittoresques et imposantes perspectives; les autres vont chercher du gazon, de la verdure et les fraîches brises du soir sur le rivage du Lido. Le théâtre s'ouvre à neuf heures. A minuit, à la sortie du spectacle, hommes et femmes se retrouvent dans un salon ou dans un casino. Vers quatre heures du matin, on retourne manger des œufs frais chez Florian qui ne ferme ni jour ni nuit, et chez lequel on peut entrer à toute heure, de la Circoncision à la saint Sylvestre. Ce léger et matinal repas terminé, on va se coucher enfin, pour recommencer le lendemain jusqu'à ce que mariage ou mort s'ensuive.

Par patriotisme, les Vénitiens riches, ou simplement aisés, ne consentent guère à servir l'Autriche. Nul aliment d'activité dans un commerce avec l'Asie qui a toujours été décroissant depuis la découverte du cap de Bonne-Espérance, et qui ne reprend le chemin de l'Adriatique que pour se détourner vers Trieste. Les travaux purement spéculatifs exigent une ardeur soutenue, persévérante, et l'Italien est généralement moins capable d'efforts quotidiens et assidus que d'un élan subit dans un moment d'enthousiasme; moins patient à poursuivre la recherche désintéressée du bien et du vrai, qu'à ourdir, sous l'influence d'une forte passion, les trames ténébreuses d'un complot. Ils vivent donc désœuvrés. Leur âme, d'ailleurs, se détourne volontiers des idées sérieuses, soit qu'ils aient été déshabitués des travaux intellectuels et refoulés dans le sensualisme raffiné et artistique où ils se complaisent par une soumission de plusieurs siècles au plus ombrageux et au plus terrible despotisme qui fut jamais; soit que leur amour de la vie présente, leur insouciance de la vie future, tirent leur origine du caractère même des lieux, la pensée se reportant moins naturellement vers le créateur de toutes choses, dans cette ville élevée sur un sol artificiel, où la terre même des jardins est l'œuvre de l'homme, où brillent d'un incomparable éclat tant de merveilles de l'industrie humaine, tandis que la mer y est sans tempêtes, que le travailleur n'a point à compter avec les vicissitudes des saisons, qu'aucune des forces bienfaisantes ou redoutables de la nature n'y rappelle « aux enfants de la femme, » leur faiblesse et leur néant.

Le surlendemain du *fresco*, M. de Brémond me conduisit dans la matinée au palais Barbarigo. Devant la porte d'eau, deux gondoles d'inégale dimension, toutes deux parfaitement entretenues, à la coque noire comme de l'ébène, au *speronc* brillant comme une cuirasse, étaient fixées entre de grands pieux de diverse taille et de différente grosseur, peints aux couleurs du blason de la famille et plantés irrégulièrement de chaque côté de l'escalier. Sous le vestibule, les *felse* reposaient sur les dalles; et, à côté de ces pavillons de drap noir, la tête appuyée sur un coussin de maroquin, était couché un jeune barcarolo que je reconnus sur-le-champ pour ce Nicolotto auquel Marco avait donné la chasse l'avant-veille. Il se leva à notre arrivée, et avec un sourire aussi gracieux que si M. de Brémond n'eût pas été le protecteur avoué d'un Castellano, se mit en devoir de nous conduire dans l'appartement de son maître. Tout en le suivant, je remarquai qu'au lieu de l'affubler d'une livrée de valet de pied à l'anglaise ou à la française, comme il est sottement d'usage chez ses compatriotes, celui-ci avait le bon goût de lui laisser le costume national : un bonnet de laine retombant sur l'épaule ; un justaucorps de tricot, à larges raies noires et blanches ; une ceinture de laine ; une culotte courte mais large et laissant au genou une entière liberté de mouvement. Gondoles et gondoliers étaient le seul luxe du dernier Barbarigo. La meilleure partie de son budget était absorbée par le département de la marine. C'est ce que ne montrait que trop le délabrement du palais. Les galeries et les grands appartements étaient nus et abandonnés. Dans un modeste entresol, s'était comme réfugié le propriétaire de ces colonnes et de ces corniches de marbre. Nous le trouvâmes entouré de livres. M. de Brémond m'ayant présenté à lui comme un admirateur déclaré de Venise, j'en reçus un fort bienveillant accueil. La conversation roula naturellement sur les beautés pittoresques et les richesses artistiques de la « Palmyre de la mer, » puis sur les grandes pages de son histoire. Le froid et grave descendant de deux doges s'anima peu à peu, et s'éleva par degrés jusqu'à l'éloquence en parlant de l'ancienne puissance de Venise. Sa voix vibrait d'émotion, lorsqu'il répondit à une observation de M. de Brémond sur l'esprit exclusif et jaloux de l'aristocratie vénitienne.

— Oui, c'était une oligarchie exclusive et jalouse, mais elle tint tête un jour à toute l'Europe coalisée; mais Venise était frappée au cœur depuis trois siècles, qu'elle soutenait encore fièrement l'étendard de saint Marc, et faisait respecter par les grandes monarchies comme un Etat de premier rang ce qui n'en était plus que l'ombre. Maintenant, ajouta-t-il avec une amère ironie, un comte de Bergame, le dernier paysan véronais, est l'égal d'un noble de Venise.... Nous avons le même maître !

Je sortis le cœur plein de sympathie pour ce noble jeune homme dont le regard s'illuminait au souvenir de la glorieuse indépendance de sa patrie, et que faisait pâlir la honte du joug étranger.

Depuis une vingtaine de jours une amie de ma famille se trouvait à Venise. C'était la veuve d'un premier président de la Restauration. Sous prétexte de faire une visite au comte de Chambord, attendu pour la prochaine *regata*, elle venait à une entrevue ménagée entre sa fille et un prétendant du faubourg Saint-Germain. La demande du vicomte de Maupuis avait été accueillie, quelques jours après son arrivée. J'allais souvent chez Madame de Quercigny. Elle était descendue à l'*hôtel du Lion blanc*, presqu'en face du palais Barbarigo. De ses fenêtres on découvrait une des plus belles portions du grand canal. J'étais, un soir, accoudé au balcon, près de sa fille : une vieille amitié d'enfance me permettait de prendre auprès d'elle cette attitude familière.

Quel dommage, pensais-je en moi-même,

tout en devisant de choses et d'autres, que ces dix-huit ans, ces beaux cheveux bruns, ces yeux pleins d'une expressive langueur, ces traits fins et charmants, cet esprit délicat et cultivé, ce cœur simple et pur, cette vive imagination, cette exquise sensibilité, deviennent la propriété d'un vicomte de Maupuis : joli homme, bon garçon, riche, bien élevé, de bonne noblesse, mais assez nul; dont le monde, la chasse, le jeu et les chevaux suffisent à occuper toute l'activité intellectuelle, et, sous des formes distinguées, d'une nature trop vulgaire pour sentir le prix du trésor que lui envoie la fortune.

Isabelle était adorée de sa mère. Plus tendre qu'avisée, Madame de Quercigny allait pourtant faire le malheur de son unique enfant, en la donnant à un homme incapable de la comprendre, et cela faute de la comprendre elle-même. Quoiqu'elle admirât sa fille du matin au soir, elle ne savait point, et nulle fibre poëtique ne vibrant en elle, elle ne pouvait pas savoir, tout ce qu'il y avait d'éminent et de supérieur dans cette âme d'élite. Mariée fort jeune à un homme beaucoup plus âgé qu'elle et dont les hautes fonctions occupaient entièrement la vie et l'esprit, elle n'imaginait pas qu'il pût manquer quelque chose à un mari jeune, bien tourné, de facile conversation, et libre de tout son temps. Isabelle se laissait faire, par ignorance et inexpérience, je suppose, beaucoup plus que par docilité, car en enfant gâté qu'elle était, elle ne laissait pas que d'avoir ses vues propres et de faire en bien des choses prévaloir ses volontés. Peut-être aussi, comme il arrive souvent aux jeunes filles, la bonne mine de son futur lui avait-elle inspiré un goût trompeur et irréfléchi.

Je gardais depuis quelques instants le silence, absorbé par ces réflexions intimes, lorsque, suivant la direction des regards de ma jolie voisine, je vis déboucher du *rio san Paolo* une gondole manœuvrée par deux Nicolotti. Celui qui tenait la rame de l'arrière était un grand jeune homme, élancé, à la taille souple et fine, aux mouvements aisés et moelleux. Il faut avoir été à Venise pour savoir combien on peut trouver de charme à voir conduire un bateau. Debout à l'extrémité d'une poupe étroite, terminée en flèche, très-élevée au-dessus de l'eau, le gondolier, pour diriger le long et étroit esquif dont il découvre l'éperon d'acier pardessus le felse, et, s'il a un aide, pardessus la tête du second rameur, n'a qu'une grande rame entièrement libre, dont il est souvent obligé de changer le jeu dans les canaux tortueux ou fréquentés. Pour avancer en ligne droite, il la pousse des deux mains en la fixant contre un taquet en saillie, dans lequel sont ménagées trois entailles peu profondes, afin qu'il puisse changer son point d'appui et le prendre plus haut ou plus bas selon l'occurrence. Dans cette position, l'équilibre seul est difficile à garder, et pour être jeté à la mer il suffit d'un faux mouvement. Au lieu de se pencher et de se relever alternativement et régulièrement comme le canotier, le gondolier est obligé de varier sans cesse ses manœuvres, et il lui faut passer de l'une à l'autre en proportionnant chacun de ses efforts à la vitesse acquise, à l'espace à parcourir, à la nature des obstacles qui gênent et contrarient sa marche. Dans cet exercice l'adresse a plus de part que la force, et ce qu'il faut pourtant dépenser de celle-ci, l'art consiste à le déguiser par une parfaite liberté de geste et d'attitude.

Bien que novice je pus m'assurer, dès les premiers coups de rame, que les deux Nicolotti qui se dirigeaient de notre côté étaient des *barcaroli* émérites. Leurs avirons plongeaient dans l'eau sans la faire jaillir, et, en sortant, n'en soulevaient que quelques gouttes transparentes. Voulaient-ils dépasser une gondole, ils imprimaient à la leur un mouvement plus rapide sans précipiter la cadence des rames. Par une invisible contraction du poignet, ils évitaient un choc imminent; par un simple changement d'attitude, ils rangeaient le long de l'escalier d'un palais, en la faisant pivoter sur elle-même, la gondole poussée, juste dans l'axe de la porte. Avec un ensemble parfait, ils l'arrêtaient tout-à-coup, à deux pouces d'une muraille sur laquelle ils l'avaient lancée avec une telle vitesse qu'elle se serait infailliblement brisée en mille pièces, si l'intensité de leur effort n'avait pas été calculée avec une précision mathématique. J'en étais dans l'admiration, et avec moi ma belle cousine Isabelle; car nous cousinions, comme c'est l'usage en Bretagne, quoique notre parenté fût si éloignée que nos grands parents seuls sussent comment et à quel degré nous étions cousins.

— C'est merveilleux ! m'écriai-je.

— Ne les aviez-vous jamais remarqués ?

— Non ; ni même jamais vus, je crois.

— Ils viennent cependant tous les jours s'exercer sous les fenêtres de l'hôtel.

Après avoir quelque temps manœuvré près du Rialto, les deux *barcaroli* s'étaient rapprochés de nous. Sans affectation et un peu à la dérobée, le gondolier de l'arrière levait assez souvent les yeux vers notre balcon. Comme j'hésitais encore à reconnaître Giovanni Barbarigo (ceci se passait deux jours après la visite que je lui avais faite avec M. de Brémond), il me salua gracieusement de la main, tout en continuant de s'appuyer avec l'autre sur l'aviron.

— Vous connaissez ce.... ce gondolier, me dit Isabelle, pendant que je rendais son salut à l'aristocratique Nicolotto.

— Comme vous voyez.

— Quelle politesse ! Vous vous inclinez comme pour un prince.

— Aussi est-ce bien un prince. Le plus habile gondolier de Venise, ajoutai-je en raillant : un prince de l'art.....

— De l'art de ramer ? reprit Isabelle avec un ton de mépris plus affecté que réel.

— Estimez-vous que l'équitation soit un art infiniment plus noble ?

— Sans doute.... Il me le semble du moins.

— Parce que le vicomte de Maupuis monte très-bien à cheval, répondis-je en riant.

— Mon Dieu, non ! A en juger par l'accent de sa voix, elle parlait sincèrement. Va pour l'art de ramer, ajouta-t-elle, mais reste toujours la distance d'un postillon à un *sportman*.

— Tant qu'il vous plaira, mais mon ami n'est point un postillon. C'est un parfait *gentleman*.

— Allons donc. Vous cherchez toujours à m'en faire accroire. Est-ce qu'un homme de bonne compagnie va courir les rues, les canaux sont des rues ne vous en déplaise, en camisole rayée et en bonnet de laine ?

— A Ploërmel, non : à Venise, oui. Et pour commencer, le beau gondolier qui vient de me saluer est un patricien, un noble du livre d'or.

Un éclair passa dans les yeux d'Isabelle, et pendant un instant elle garda le silence. Elle reprit ensuite d'un ton sérieux :

— Avouez que vous vous moquez.

— Moi! Point du tout.

— Comme on connaît les saints on les honore, reprit-elle en m'interrogeant du regard et avec une insouciance jouée. Vous voulez vous amuser à mes dépens.

— Non pas, je vous en donne ma parole. Le grand jeune homme à barbe blonde que voilà est l'héritier de l'un des plus beaux noms de Venise, le descendant de deux doges.

Isabelle se retourna vivement vers sa mère :

— Voyez, maman, que je ne me trompais pas. Vous savez le grand gondolier.... Je vous avais bien dit que son air distingué n'était pas d'un homme du peuple.

Tranquillement assise dans un fauteuil, Madame de Quercigny, qui n'était rien moins que d'humeur mélancolique, et pour qui la vue du grand canal avait beaucoup moins de charme que celle du boulevard des Italiens, brodait un tabouret en tapisserie à quelque distance de la fenêtre.

— Ah ! répondit-elle sans remarquer l'animation de sa fille. C'est un amateur ?

— Oui, maman. Mon cousin le connaît. Il est de très-bonne noblesse : il descend de deux doges.

— Vraiment, dit avec le plus grand calme Madame de Quercigny.

En même temps la porte de la chambre s'ouvrait, et M. de Maupuis, vêtu d'une manière irréprochable, saluait avec une bonne grâce parfaite sa future belle-mère et sa future femme. Je sortis quelques minutes après, pour lui laisser faire sa cour plus à l'aise.

Plusieurs jours se passèrent pendant lesquels je revis de plus en plus souvent Giovanni Barbarigo. Lui, si froid, si réservé d'habitude, m'accueillait avec beaucoup d'empressement. Comme on peut le deviner, je ne l'en trouvai que plus spirituel, plus instruit, plus attachant, et je n'en recherchai que plus avidement les moyens de le connaître davantage. Il m'offrit sa gondole. J'acceptai avec joie, car ce m'était une occasion naturelle de passer des heures entières en tête à tête avec lui. Nous allions presque tous les soirs faire quelque course lointaine, conduits par Zorzi son gondolier. Le plus souvent nous nous dirigions, soit vers l'îlot Saint-Lazare, aux murailles rouges, aux vertes treilles, aux terrasses fleuries, repoussant hospice de lépreux au temps des croisades, aujourd'hui docte retraite des disciples de Mekitar ; soit vers les plages sablonneuses et les dunes verdoyantes du Lido, qui sert à Venise de rempart contre les flots de l'Adriatique et qui arrêta les galères génoises triomphantes. De l'une ou de l'autre de ces îles, nous regardions, au coucher du soleil, Venise s'élever du milieu des eaux comme un immense navire à l'ancre, et découper sur un ciel d'or et de pourpre la silhouette bleue, violette, lilas, de ses palais, de ses coupoles, de ses campaniles. En nous promenant sous les berceaux de vignes de Saint-Lazare, ou sur le rivage battu par la vague de Malamocco, nous causions avec un abandon et une intimité que, dans le monde, plusieurs années de conversation nous auraient à peine donnés. Plus je pénétrais avant dans l'âme de Barbarigo, plus je découvrais en lui de sentiments élevés et généreux, et à mesure que mon admiration pour son caractère croissait, il prenait plus d'ascendant sur mon esprit et m'inspirait une affection plus vive et plus profonde.

Nous étions aussi liés que de vieux amis, lorsque vint le jour fixé pour la *regata*. Pour jouir de ce spectacle on ne pouvait être mieux placé que Madame de Quercigny, car les concurrents partent du jardin public, et, longeant la *riva dei Schiavoni*, suivent dans toute sa longueur le grand canal jusqu'à la hauteur de Canareggio, où est planté le *paletto*; puis, après en avoir fait le tour, reviennent à force de rames sur leurs pas jusqu'au palais Balbi où est placé le but. Des fenêtres de son appartement on les verrait donc passer deux fois, sans compter qu'on découvrait parfaitement la tribune élevée à l'entrée du *rio Foscari*, et sur laquelle devaient être distribués les prix. J'allai chercher place chez ma respectable parente, et j'y rencontrai avec le vicomte de Maupuis plusieurs autres légitimistes français. Le comte de Chambord, que je voyais pour la première fois, était un peu plus haut, au balcon de la Municipalité. Le coup-d'œil du canal était merveilleusement pittoresque. De tous les balcons et toutes les fenêtres remplis de spectateurs pendaient des draperies de soie de toutes couleurs, mais au milieu desquelles dominaient le rouge, l'orange et le cramoisi. Les tons brillants de ces étoffes flottantes formaient un harmonieux contraste avec les teintes sombres de la pierre et du marbre noircis par le temps. Le *canalazzo* était couvert de bateaux pavoisés de toutes les formes et de toutes les dimensions. On aurait presque pu passer à pied d'une rive à l'autre. Les gondoles ne se rangeaient qu'à l'approche de quelque riche *bissone*, ornée de banderolles, poussée par douze ou seize vigoureux rameurs en costume de fête, et portant quelque haut personnage. Les jours de *regata*, le fonctionnaire autrichien a le bon goût de s'effacer, et de laisser les honneurs du premier rang à l'autorité municipale. La *bissone* du *podestà* (cette dignité était alors occupée par un Correr) fut acclamée sur toute la ligne par d'enthousiastes vivats. Dans ce dernier et pâle vestige du gouvernement de Venise par l'un de ses enfants, la foule saluait l'indépendance perdue.

Le coup de canon qui donne le signal de départ se fit entendre. Peu à peu quelqu'ordre se mit dans cette multitude confuse de bateaux. On fit place aux rameurs qui se disputaient le prix, et qui, aux applaudissements du public, parurent bientôt à notre gauche. Douze gondoles, beaucoup plus petites et plus légères que celles dont on fait ordinairement usage, étaient engagées. Sur chacune d'elles se trouvaient deux rameurs. Ceux-ci portaient un costume brillant et commode, avec le bonnet et la ceinture aux couleurs de leur parti. En tête s'avançait la gondole conduite par Marco, et immédiatement après celle de Barbarigo qui n'avait pas dédaigné de concourir avec de simples *barcaroli*. Grande fut la surprise d'Isabelle en reconnaissant le jeune patricien, et en le voyant prendre part comme acteur à cette fête publique.

— En Angleterre, les lords courent bien le *steeple-chase*, répliquai-je.

— Eh bien, je parie pour lui, dit-elle en baissant les yeux.

— Et moi pour le bonnet rouge, fit le vicomte de Maupuis. Que gagez-vous?

— Tout ce qu'il vous plaira, reprit Isabelle d'un air résolu.

— Vous êtes bien téméraire, Mademoiselle. Comment pouvez-vous espérer que ce grand escogriffe à barbe blonde, battra un gaillard à tournure athlétique comme le gondolier qui a déjà gagné sur lui plus d'une longueur de barque?

Je ne sais quelle fée invisible avertit les amoureux, mais à l'accent de la voix il était facile de deviner que le vicomte de Maupuis ressentait une antipathie marquée pour Barbarigo, qu'il ne connaissait cependant point et dans lequel il n'avait aucun sujet de voir un rival.

— N'importe! repartit avec un malin sourire Isabelle, à qui le sentiment de son futur n'avait peut-être pas échappé. J'ai foi dans la bonne étoile du grand escogriffe. Quelque chose me dit qu'il doit l'emporter sur son concurrent, bien que celui-ci ait pris de l'avance.

Je regardai ma cousine. Elle détourna la tête.

Les gondoliers passés, la confusion et le bruit de la foule redoublèrent. Pendant plusieurs minutes les accords des orchestres, placés de distance en distance, ne nous arrivèrent plus qu'à intervalles et étouffés. L'approche des *bissone* qui marchaient en avant des gondolines pour leur faire faire place, ramena l'ordre et le silence dans l'innombrable flotte des gondoles accumulées de chaque côté du canal. Pardessous l'arc du Rialto, nous découvrions quelque peu les concurrents. Marco fut un instant très à découvert pour nous.

— Voyez-vous, s'écria M. de Maupuis d'un air triomphant : votre blondin n'est plus même le second. On ne le voit seulement pas.

— C'est-à-dire qu'il a tant d'avance qu'il vous était caché par la grande *bissone* qui marche en tête, répliqua Isabelle en frappant des mains.

Barbarigo était, en effet, de trente pieds en avant de Marco, et, penché sur sa rame, par un effort lent et soutenu imprimait à sa gondoline un mouvement uniforme et rapide. Elle glissait sur l'eau sans la refouler, ne laissant derrière elle qu'un sillage presque insensible. Très en avant de tous les autres, Marco suivait, faisant bondir la sienne à chaque coup d'aviron, mais à chaque seconde perdant quelques pouces. Une salve d'applaudissements accueillit le jeune patricien. « Le rouge au noble Barbarigo, » criait-on de toutes parts.

Il faut savoir que les prix sont des bourses attachées à des drapeaux de diverses couleurs. Le premier a la couleur de l'étendard de Saint-Marc. Viennent ensuite le bleu, le vert et le jaune. Par un usage dont l'origine est inconnue, c'est un petit cochon de lait qui est le lot du drapeau jaune.

Arrivé à deux pieds du but, Barbarigo s'arrêta court, et, laissant le drapeau rouge à Marco, vint, après avoir fait pivoter sa gondoline sur elle-même, à la rencontre de ses concurrents au milieu d'un tonnerre de vivats.

Des yeux je cherchai Isabelle. Elle était visiblement émue, et comme fière du triomphe de Barbarigo. La figure de M. de Maupuis, au contraire, exprimait le dépit et la colère.

A partir de dix heures du soir, les promeneurs deviennent de plus en plus rares sur la place Saint-Marc. La *piazzetta* surtout est généralement déserte d'assez bonne heure. Les cafés sont encore très-animés sur la place, qu'elle est déjà abandonnée. Dès onze heures on n'y rencontre plus guère que des gens qui descendent de leur gondole ou qui la vont chercher. Les *barcaroli* dorment, les uns sur leurs esquifs, les autres au pied de la colonne du lion ailé, ou de celle de *San Toto.* Le surlendemain de la *regata,* vers minuit, j'étais assis avec Barbarigo sur les marches de l'escalier du jardin royal. Les parfums des roses et du réséda embaumaient l'air. Devant nous se dressait la grande masse merveille, la colonnade mauresque du palais ducal, et, à côté, les sévères arcades de la noire *Zecca.* Des myriades d'étoiles brillaient audessus de notre tête. La mer était sombre. On pouvait se croire sur le tillac d'un vaisseau en plein Océan, tant était solennel le silence qui régnait autour de nous. Il n'était interrompu que par le clapotement de la marée contre les dalles de marbre de la rive, et le pas régulier de la sentinelle du palais.

— Quelle belle nuit! dis-je à Barbarigo qui paraissait plongé dans une profonde rêverie.

— Et qu'il ferait bon ici, si le pas de ce grenadier et la vue de ces pièces de canon ne serraient le cœur!

— *Fate corragio.* Un jour viendra peut-être

où Venise renaîtra, repris-je en affectant plus de confiance que je n'en avais.

— Plût à Dieu! mais je n'ose l'espérer. L'occasion se présentera probablement un peu plus tôt ou un peu plus tard, mais les hommes seront-ils à la hauteur de l'événement?...... Tout est prêt pour recevoir le nouveau gouvernement, ajouta-t-il en étendant la main vers le palais ducal : la salle du Collége et des Pregadi sont ce qu'elles étaient sous la Seigneurie. Il n'y a qu'à s'asseoir sur les siéges vides.... Mais les hommes....!

Comme il disait ces mots, une mélodie étrange, chantée par une voix grave et pleine, se fit entendre dans la direction de l'île Saint-Georges.

— Ecoutez, me dit à voix plus basse Barbarigo. Ce sont des octaves du Tasse. On ne les chante plus guère.

La nuit était trop obscure pour que nous pussions rien voir à la distance où nous étions. A la première strophe succéda un court silence, et d'une autre barque une seconde voix plus haute, sur le même rythme traînant, reprit la même mélodie plaintive mais fortement accentuée. Les deux chanteurs se répondirent ainsi alternativement jusqu'à ce que leurs voix se perdissent dans le lointain. A cette heure et dans un tel lieu, cette cantilène, plus originale que vraiment belle, était d'une incomparable poésie.

— Quel dommage que ma jeune cousine ne soit pas ici, m'écriai-je! Elle qui a si grande envie d'entendre chanter les octaves!

— Quelle cousine?

— Melle de Quercigny... qui habite l'hôtel du Lion-Blanc..... qui était avec moi au balcon un jour que vous m'avez salué.

Barbarigo baissa la tête sans répondre. Après quelques instants, il reprit d'une voix mal assurée :

— A vous, mon cher ami, je puis avouer que je l'aime passionnément, aussi passionnément qu'on peut aimer une femme à laquelle on n'a jamais parlé.

Au premier mot, la pensée me vint que l'amour était pour une bonne part dans la subite amitié que le froid patricien m'avait témoignée tout d'abord, et que mon titre de cousin était de mes qualités celle qui l'avait principalement séduit. La découverte était mortifiante pour mon amour-propre. Aussi répondis-je cavalièrement :

— Ma foi, mon cher, vous vous y prenez un peu tard : la belle est promise.

— Je le sais, reprit-il en se levant tout-à-coup avec l'accent d'un désespoir concentré.

Le sentiment de vanité blessée auquel je venais de céder s'évanouit devant la brève et émouvante expression de cette vive et sincère douleur, et, l'amitié reprenant le dessus, j'ajoutai en le suivant le long de la rive :

— Le mal n'est pas absolument sans remède. Le mariage est convenu sans doute, mais il ne doit avoir lieu qu'à la fin de l'automne.

— A la fin de l'automne ou tout de suite que m'importe, répliqua-t-il avec amertume ! Demain pas plus qu'aujourd'hui je ne puis prétendre à la main de votre cousine. Dix-huit cents livres de rente et un palais en ruines sont une brillante situation à offrir à une jeune et ravissante héritière !

— Cent mille livres de rente ne seraient assurément pas pour gâter vos affaires, mais vous êtes du livre d'or ; vous portez un nom historique.... Cela vous donne plus de chances que si, trois fois millionnaire, vous vous appeliez Pancrazio.

— Quelles chances voulez-vous qu'ait un étranger, un inconnu ?

— Plus que vous ne pensez peut-être. Melle de Quercigny m'a plusieurs fois questionné sur vous avec une curiosité et même un intérêt qui.....

Comme j'en étais là, et que nous tournions le dos au palais ducal pour reprendre notre marche en sens opposé, je me trouvai presqu'en face d'Isabelle, accompagnée de sa mère et du vicomte de Maupuis.

— Eh ! c'est vous, Etienne ! Vous vous promenez bien tard, me dit Madame de Quercigny appuyée sur le bras de son futur gendre.

— Cela m'arrive souvent.... M. Barbarigo, un de mes amis, que j'ai l'honneur de vous présenter.

Isabelle tressaillit. M. de Maupuis répondit à peine au salut de Barbarigo.

— Mais vous, Madame, repris-je, où allez-vous à cette heure ? C'est à moi de m'étonner.

— Je vais faire une folie. Isabelle a la singulière fantaisie de parcourir Venise pendant la nuit ; et j'ai la faiblesse de me prêter à cette bizarrerie.

— Vous ne pouviez, Madame, mieux choisir votre jour, répondit pour moi Barbarigo.

Pendant qu'il me parlait de son amour pour Isabelle, la lune s'était levée derrière le Lido. Eclairée par ses pâles rayons, la lagune semblait un lac d'argent. Devant nous, au milieu de ses eaux brillantes, se dressaient, encore enveloppés d'ombre, le campanile et l'église de Saint-Georges majeur, où repose le fameux doge Michieli des Croisades, et où l'évêque d'Imola, Chiaramonti, fut couronné pape sous le nom de Pie VII.

— Si vous le permettez, ajoutai-je, nous vous accompagnerons. Vous ne sauriez prendre un meilleur *cicerone* que M. Barbarigo.

— Très-volontiers, reprit Madame de Quercigny, mais comment ma gondole nous contiendra-t-elle tous cinq ?

— La mienne m'attend à la rive, s'empressa de dire Barbarigo. Permettez-moi, Madame, de la mettre à votre disposition. Mon gondolier est fort habile et connaît parfaitement Venise. Avec lui, même par la nuit la plus obscure, vous n'avez aucun choc à redouter.

— Puisque vous avez la bonté de me l'offrir, j'accepte, car je vous avoue que cette promenade nocturne m'inspire quelques inquiétudes.

— En ce cas, Barbarigo, montez dans votre gondole avec ces dames, dis-je. Vous nous montrerez le chemin. M. de Maupuis et moi, nous vous suivrons dans l'autre bateau.

Mon *innamorato* ne se le fit pas dire deux fois, et malgré la mauvaise humeur de M. de Maupuis, notre expédition s'organisa de la façon que je venais de recommander. Zorzi, sur l'ordre de son maître, se dirigea vers le pont *della paglia,* et, s'engageant dans le ténébreux *rio di palazzo,* nous fit passer sous le pont des soupirs de sinistre mémoire. De là nous gagnâmes *Santa Maria Formosa,* Saints-Jean-et-Paul, *Santa Maria dei Miracoli,* le *Fondaco dei Tedeschi,* et, poussant jusqu'à l'extrémité de Canareggio, nous revînmes par le quartier de San Rocco. Jusqu'à deux heures du matin, à la lueur du fanal de nos gondoles, au milieu d'un silence de mort, nous parcourûmes les petits canaux de Venise, noirs comme les corridors d'une prison, et où, de temps à autre seulement, quelques rayons de lune mettaient en saillie la façade d'une église ou l'angle d'un palais. C'était féerique, ou plutôt fantastique.

Comme je regagnai mon gîte dans la gondole qui ramenait M. de Maupuis à l'hôtel Danieli, je ne pus demander à Barbarigo ce qui s'était passé pendant la promenade. J'avais seulement remarqué qu'en nous quittant Isabelle avait un air préoccupé.

Le lendemain, dans la journée, j'allai faire une visite à Madame de Quercigny.

— Vous arrivez à propos, me dit-elle avant que j'eusse le temps de lui demander si sa course nocturne ne l'avait pas incommodée. Je ne sais plus où donner de la tête. Mademoiselle ma fille m'a tout simplement déclaré ce matin qu'elle ne pouvait se résoudre à épouser le vicomte de Maupuis.

— Ah! m'écriai-je feignant d'être plus étonné que je ne l'étais réellement.

Isabelle était comme fatiguée et avait les yeux rouges.

— Elle a, Dieu merci, pris le temps de la réflexion, reprit Madame de Quercigny. Elle a vu tout à son aise M. de Maupuis. Elle l'a accepté ; et après un mois de cour, tout-à-coup, sans rime, ni raison, la voilà qui change d'avis !

— Ma mère, je vous en supplie, répliquait Isabelle, ne me contraignez point à faire ce mariage. J'avais cru pouvoir être heureuse avec M. de Maupuis, et le rendre heureux lui-même ; mais je sens que je me suis trompée, et que cette union ferait le malheur de ma vie.

— Mais enfin, dites-nous au moins les motifs de cette subite révolution dans vos sentiments. Expliquez-nous cet inexplicable revirement.

— Je ne sais, ma mère ; je ne puis.... mais c'est plus fort que moi.

— Me permettez-vous de venir à votre secours, dis-je en me tournant vers Isabelle.

Elle me fit presque machinalement un signe de tête affirmatif, pendant que sur son visage se peignait un mélange de surprise et d'inquiétude.

— Eh bien! Madame, Isabelle ne veut plus

épouser le vicomte de Maupuis parce qu'elle aime M. Barbarigo.

— M. Barbarigo! qu'elle a rencontré hier soir pour la première fois de sa vie! Mon cher Etienne, ce n'est pas le moment de rire et de railler.

— Je ne raille point. Barbarigo est jeune, beau, noble de sentiments autant que de naissance, pauvre, malheureux, et cela suffit pour qu'il soit aimé d'Isabelle.

Comprenant enfin que je parlais sérieusement, Madame de Quercigny me regarda avec des yeux fixes comme si je revenais de l'autre monde, et après moi Isabelle, pâle comme l'ivoire du couteau à papier qu'elle agitait pour chercher une contenance.

La glace une fois rompue, ma jolie cousine ne pouvait avoir de meilleur avocat qu'elle-même. Je m'esquivai au plus vite, quasi certain qu'elle finirait par triompher de la résistance de sa mère. La première avait trop de fermeté dans le caractère pour fléchir; la seconde aimait trop tendrement sa fille pour lui forcer la main. En regard du bonheur d'Isabelle, le scandale d'une rupture devait être de peu de considération pour Madame de Quercigny.

Dès le lendemain, en effet, elle me pria par un billet de passer chez elle. Je la trouvai seule. Elle me demanda de nombreux renseignements sur Barbarigo. Aux questions seules je reconnus qu'Isabelle avait gagné son procès.

— Les choses étant ce que vous dites, je donne mon consentement....

Isabelle, qui entrait, se jeta, en me remerciant du regard, aux genoux de sa mère, lui baisant les mains, la couvrant de caresses.

— Je donne mon consentement, mais à une condition formelle, c'est que M. Barbarigo quittera Venise et viendra habiter la Bretagne avec nous.

Le cœur me battait en traversant le grand canal. Je trouvai Barbarigo dans son cabinet, accoudé sur sa table de travail, le front dans la main.

— Victoire, lui dis-je ! Venez vite faire votre demande à Madame de Quercigny. Vous êtes agréé.

Il se leva d'un bond, radieux, incapable de parler, tant son émotion était forte.

— Vous êtes agréé, repris-je, en serrant cordialement la main qu'il me tendait, à la seule condition de suivre Isabelle en France et d'habiter avec elle la Bretagne.

Son front s'assombrit; le sourire se glaça sur ses lèvres.

— Jamais, me répondit-il d'une voix tremblante mais avec l'accent de la résolution. Je dois à mon nom, — et en même temps il me montra du doigt le portrait du doge Augustino Barbarigo placé vis-à-vis son fauteuil, — de vivre à Venise et d'y attendre l'occasion de mourir pour elle.

Trois ans plus tard, en effet, il est mort pendant la guerre de 1848, frappé par un boulet autrichien.

ESPAGNE.

I.

Lorsque je me réveillai, j'étais dans un autre monde. Je m'étais endormi au milieu des montagnes, dans un pays vert et boisé, arrosé par des torrents aux ondes limpides. Un peu avant la nuit nous avions traversé la plus pittoresque petite ville qui se puisse imaginer : une enceinte à créneaux; des portes à machicoulis, flanquées de tours; de hautes maisons; de rares fenêtres; des balcons fermés de grilles; des avancées de toits richement travaillées; sur la façade, des armoiries énormes sculptées dans la pierre; une rue étroite et tortueuse débouchant sur une petite place, où une église et un Hôtel-de-Ville reflétaient les rayons éclatants du soleil à son déclin. En ouvrant les yeux, je ne vis que des maisons basses, grises, délabrées. Aux fenêtres des volets, mais point de vitres. Pas un jardin; pas un arbre. Quand nous fûmes sortis de ce maussade village, une grande plaine à perte de vue, poudreuse, jaune, pâle, sans bois, sans eaux. A l'horizon, une chaîne de montagnes d'un bleu aussi pâle que le jaune de la campagne, détachant ses arêtes dénudées sur un ciel blafard. C'était à se croire la dupe d'un rêve. Nous avions tout simplement changé de province. Pendant la nuit, nous étions passés de Biscaye en Castille.

Si le paysage n'avait plus le même aspect, l'attelage original que nous avions pris à la frontière, courait toujours devant nous. Nous avions bien changé de mules; mais elles avaient même taille, même pelage; elles étaient surchargées plutôt qu'ornées des mêmes grelots et des mêmes pompons rouge et jaune. Le *zagal* les excitait toujours avec les mêmes jurons, et les apostrophait des mêmes noms de *coronella, capitana, peregrina*, etc. Comme la veille, ce postillon en escarpins courait à côté de la voiture pendant une bonne partie du relai, frappant les mules paresseuses ou indociles à sa voix. Suivant les difficultés de la route, nous en avions de huit à quatorze, et même seize, mais toujours attelées deux à deux. Ni mors, ni brides. Les deux bêtes du timon avaient seules une gourmette serrée par une rêne unique, et étaient conduites par le *majoral*, qui, d'Irun à Madrid, crie et frappe sans relâche. Notre *délantero* ne devait céder sa place qu'à Burgos. Monté sur un cheval en tête de la colonne, il montre le chemin à la longue file des mules plutôt qu'il ne la dirige. Aussi faut-il descendre les côtes au pas. En revanche, nous en montions beaucoup au galop.

Pendant la nuit, notre intérieur s'était complété. En quittant Tolosa, nous n'étions que quatre. Moi, d'abord, pour ne pas m'oublier ; un agent de change, qui regagnait Madrid après avoir été faire une visite de famille à Bilbao ; un député aux Cortès, lesquelles venaient d'être convoquées ; un matador nommé Blanco, la première épée des récentes courses de Saint-

Sébastien. A Vittoria, je crois, étaient montées une femme d'âge mûr et sa fille.

Les Espagnols sont d'une parfaite courtoisie envers le beau sexe, même dans les classes inférieures. Deux de mes compagnons s'étaient tout de suite exécutés, et avaient offert leur coin aux nouvelles arrivées. Je me trouvais donc près de la portière opposée à celle qu'elles occupaient. Entre la plus âgée et moi était le membre du Congrès ; entre la plus jeune et le financier, mon vis-à-vis, le matador qui venait d'immoler je ne sais plus combien de lestes et hardis taureaux navarrais. C'était un beau garçon, aux traits un peu durs, aux épais favoris noirs, et en qui j'étais fort étonné de ne point rencontrer les manières et le langage d'un boucher. Je ne l'étais pas moins de la considération que lui témoignaient mes voisins. Ce fut bien pis, lorsque je le vis causer avec la plus grande aisance, et sans que la mère en parût le moins du monde contrariée, avec la jeune fille assise à côté de lui. Mes préjugés français me faisaient voir en lui une espèce de baladin, tandis qu'à Madrid et à Séville une *espada* est sur le pied d'un artiste. De plus, j'ignorais encore que l'Espagne est de tous les pays civilisés, celui où règne la plus sincère et la plus réelle égalité dans les rapports sociaux. Ce n'est point la brutale égalité des Américains, dont l'orgueil ne souffre aucune distinction de rangs et ne reconnaît aucune autre prééminence que celle de l'argent, mais un sentiment profond et intime de l'égalité des hommes devant Dieu ; sentiment qui se traduit par des égards et une noble familiarité de la part des supérieurs, et, de la part des inférieurs, par une fierté qui n'exclut ni la déférence, ni le respect. Entre tous les Espagnols, la religion établit une fraternité native qui se manifeste par maints usages, dont l'habitude leur fait oublier à eux-mêmes la signification et l'origine. Nulle part ailleurs on ne donne un ordre à son valet de chambre en lui disant : « Votre Merci, » l'équivalent du « Votre Grâce » anglais, lequel ne se donne qu'aux grands seigneurs. Nulle part ailleurs, un homme en guenilles ne demandera dans la rue à un élégant, avec une politesse parfaite et sans aucun embarras, du feu pour allumer sa cigarette. Nulle part ailleurs, une duchesse passant près d'un ouvrier ne recevrait à brûle-pourpoint sans s'offenser un compliment sur ses beaux yeux, ou l'épithète singulière de *salero*, qui, dans la langue castillane, a un sens élogieux complètement intraduisible. Mais j'entrais en Espagne; ses usages m'étaient inconnus ; une conversation presque familière entre une jeune fille bien élevée et un homme dont le métier était de tuer des taureaux, avait de quoi m'étonner.

Elle avait en outre de quoi m'encourager. Aussi ne tardai-je pas à y prendre part. Elle roulait sur les fêtes de Saint-Sébastien. Je me trouvai bientôt en connaissance avec ma nouvelle compagne de voyage. C'était une fort jolie personne, répondant parfaitement au type espagnol de mon imagination. Des cheveux plume de corbeau; de grands yeux noirs comme le jais; de longs cils et des sourcils bien arqués; un nez long, mais fin et droit; une bouche petite; des dents bien rangées et blanches comme du lait; l'ovale du visage allongé; le teint brun, doré, ambré, « passionnément pâle ; » en un mot, une vraie marquise d'Amaëgui. Malheureusement je parlais fort mal espagnol, et malgré l'extrême complaisance de la *señorita*, j'avais peine à m'en faire comprendre. Le député aux Cortès vint gracieusement à mon secours. Il savait très-bien l'italien, pas mal le français, et il eut souvent l'amabilité de me servir d'interprète. Bientôt j'appris le jeu de l'éventail, cet inséparable *vade-mecum* des Espagnoles, lesquelles s'en servent jusque dans l'église; la façon dont s'attache la mantille, poétique coiffure, d'aussi romantique renom que les dagues de Tolède ; et, en récompense, je donnai force renseignements sur la toilette et les habitudes des Parisiennes.

Jusque-là nulle cordialité entre mes compagnons de voyage et moi. Ils s'étaient tenus fort sur la réserve. La qualité de Français n'est pas un titre de recommandation en Espagne, où sont encore vivants les souvenirs de 1808, et où l'on se défie de nos jugements moqueurs et superficiels. La glace une fois rompue, je fis bien vite amitié avec l'Asturien, petit, trapu, aux formes rondes et aux traits grossiers, à la physionomie vulgaire mais fine et intelligente, qui siégeait en face de moi. Plus vite encore, à cause de la facilité du langage, avec l'obligeant député, grand, maigre et sec, et dont la figure jaune, longue, étroite, contrastait avec le teint frais et coloré de l'agent de change. Par le caractère, ils ne différaient pas moins que par l'extérieur. Autant le premier était jovial, ouvert, naturel, gaîment spirituel, mais dépourvu de distinction dans les manières, autant le second était grave, noble, froid, imperturbable. Sa mise était très-simple, et, si on ne l'avait jugé que sur son habit, on l'eût volontiers pris pour un petit marchand. Mais il ne fallait pas causer longtemps avec lui, pour s'apercevoir qu'on avait affaire à un homme d'une éducation soignée. Indépendamment du français et de l'italien, il savait beaucoup en histoire, en ethnographie, et n'était pas étranger à l'économie politique. Par sa conversation, on aurait dit un citadin lettré. C'était un petit propriétaire, alcade de son village. J'éprouvai une surprise humiliante en le comparant à nos maires de village français. Il est vrai qu'il n'y a pas plus de hameaux que de châteaux en Espagne, et que la population y est agglomérée dans des centres fort éloignés les uns des autres, bourgs plutôt que villages.

Dès que ces deux hommes eurent compris que je n'arrivais pas en Espagne avec les préventions et la tournure d'esprit d'un commis voyageur, ils se montrèrent très-accueillants pour moi, et quoiqu'ils ne sussent pas même mon nom, tous deux se mirent à ma disposition à Madrid. Par l'un j'eus des billets pour assister à d'intéressantes discussions dans le Congrès. Par l'autre, je fus présenté au cercle du Commerce, et je fus conduit dans une loge particulière tant au théâtre qu'au combat de taureaux. Mieux que cela, lorsque j'allai à Tolède, l'Asturien me donna pour son frère une lettre de recommandation qui contenait, sans que je m'en doutasse, une lettre de crédit illimité. C'était une politesse d'agent de change, mais, par les risques auxquels elle l'exposait de la part d'un inconnu, elle en valait bien une autre.

J'allais oublier la mère de la jeune fille. Ce n'est point parce qu'elle était laide et vieille, mais parce que de ma place je ne pouvais la voir qu'en prenant une position incommode. Le député me la masquait. Elle avait d'ailleurs une migraine qui la rendait maussade, et elle ne dit guère autre chose jusqu'à Madrid que : « *Mi duole la cabeza.* » Cette *caboche* dolente était tout un problème. Comment les Espagnoles, les plus jolies femmes d'Europe pendant leur jeunesse, en deviennent-elles en vieillissant les plus affreuses? En y regardant de près, on retrouvait chez la mère la plupart des traits de la fille, et, par un violent effort d'imagination, on parvenait à regarder comme croyable qu'elle aussi avait été belle en son temps, ce qu'elle eut l'obligeance de m'apprendre. Elle n'avouait pas cinquante ans, et je lui en eusse donné vingt de plus sans difficulté, tant sa peau de vieux parchemin était jaune et ridée, bien qu'elle fût grosse et grasse de tout le reste de sa personne. Ses yeux avaient perdu leur éclat, mais ils étaient restés justement assez noirs pour donner de la dureté à sa physionomie. Depuis j'ai vu bien des vieilles Ibériennes plus horribles, mais je la tenais alors de bonne foi pour la femme la plus hideuse de toutes les Espagnes.

Celle que nous traversions n'était pas la plus riante. Le paysage avait partout l'aspect sévère qui m'avait frappé à mon réveil. Toujours la même campagne poudreuse et dépouillée. La monotonie de la route n'est interrompue que de loin en loin par la rencontre d'une troupe de mules chargées d'outres ou de ballots, et conduites, soit par des Valenciens aux jambes nues, aux légers caleçons blancs, aux *alpargatas* bordées de bleu, aux allures dégagées, aux traits africains, au teint bronzé, la tête ceinte d'un foulard rouge, une mante de couleurs variées et éclatantes flottant sur l'épaule ; soit par des *Maragatos* de la Vieille Castille, aux vêtements sombres de grosse laine, au large *sombrero* noir, au grave maintien, aux rudes accents, à l'aspect farouche. Plus rarement encore nous dépassions ou nous croisions une ou deux *galeras*, et de dessous leur berceau de toile, du milieu d'un chaos de colis de toute espèce, nous voyions sortir quelques têtes qui regardaient avec curiosité et avec envie rouler notre lourde machine. Aussi nul site ne se grave-t-il profondément dans la mémoire. Si quelqu'incident ne vient fixer les souvenirs, ils demeurent vagues et confus. De Vittoria à Madrid, je ne me rappelle guère que les gorges étroites, rocheuses, dénudées de Pancorbo, et la belle cathédrale gothique de Burgos, que commençaient à envelopper les premières ombres du soir quand nous arrivâmes dans la capitale de la Vieille Castille.

Peu distrait par les yeux, je me faisais tout oreilles, et je me mêlais autant que me le permettait mon peu d'espagnol aux conversations de mes voisins. La plus instructive était sans contredit celle du député. Par lui j'appris à me défier singulièrement des opinions reçues sur le caractère de ses compatriotes. Parce que le travail des champs ne se fait point pendant le milieu de la journée, parce que les attelages de labour, campés au loin sur les sillons pour éviter de longues courses inutiles, ne sortent point chaque matin des maisons et des villages, on croit les paysans de Castille beaucoup moins laborieux qu'ils ne le sont. On leur fait un crime de préférer le bien-être du repos au bien-être du comfort, comme si manger davantage, se mieux vêtir, habiter un logis plus commode, était la marque d'une supériorité réelle, et comme si le sacrifice de ces satisfactions matérielles aux jouissances de la sieste, de la danse et de la guitare, était l'indice d'un moindre degré de civilisation. Une observation plus consciencieuse, plus de réflexion dans nos jugements, nous feraient éviter bien des bévues et bien des injustices. Mon alcalde me rendait le service de me signaler les plus grosses. En quelques paroles, il m'en apprenait plus que n'en contiennent beaucoup de livres.

Comment, néanmoins, je passais infailliblement de son entretien à celui de sa jolie voisine, c'est ce que je ne saurais expliquer ; mais le fait est qu'en dépit de la complaisance de mon intéressant interlocuteur, je ne manquais guère, au bout de quelque temps, de me surprendre parlant babioles avec la *señorita*. Grâce à la facilité de rapports qu'établissent ordinairement entre voyageurs la vie commune et le besoin de distractions, grâce à l'aimable familiarité des mœurs espagnoles, une espèce d'intimité s'était établie entre nous. Elle s'égayait beaucoup aux dépens de la sobriété à laquelle me condamnait une répugnance invincible pour l'horrible goût de l'huile espagnole, et elle me donnait des leçons de grammaire et de galanterie castillanes que je mettais sur-le-champ à profit, afin de corroborer la théorie par la pratique. Soit fatuité française d'un côté, soit coquetterie espagnole de l'autre, j'en étais à me demander si, par impossible, je n'avais pas la bonne fortune de plaire à ma charmante compagne de voyage. A Ségovie, nous visitâmes de compagnie le pittoresque et imposant alcazar, aux tours gothiques, aux sculptures et aux ornements arabes, qui, de l'extrémité d'un étroit promontoire de rochers, plonge à pic sur deux profonds ravins presque parallèles, se mire dans les deux torrents qui mêlent leurs eaux à ses pieds, et domine à perte de vue la plaine poudreuse de Valladolid. Ensemble nous gravîmes à pied la Sierra de Guadarrama, dont les pentes couvertes de pins se lient aux épais ombrages de *La Granja.* C'était la première forêt que nous eussions rencontrée depuis les provinces basques. Pendant que nous attendions la diligence au *puerto* de Navacerrada, où finit la Vieille Castille, le député et la *señorita* me montrèrent à droite le site sauvage et la masse sombre de l'Escurial, à nos pieds la venta de Navacerrada, point extrême des habitations sur ce versant de la

Sierra, et tout-à-fait à l'horizon, aux confins du ciel et d'un immense plateau nu et ondulé, le point où l'on verrait Madrid si quelque haute flèche en dominait les maisons et les palais. Peu d'heures après nous passions à côté du Pardo, et après avoir traversé le lit presqu'à sec du Manzanarès, nous gravissions une pente voisine du palais de la reine. Par la *calle de las Carretas* nous gagnâmes la *puerta del Sol*.

Le bureau de notre voiture se trouvait à quelques pas, dans la rue d'Alcala. Nous mîmes pied à terre, et je pris congé de mes compagnons de voyage qui me renouvelèrent poliment leurs offres de service. Comme on le pense bien, je n'oubliai pas la jolie *señorita*. Elle reçut mes adieux d'un air distrait. Son attention était absorbée par deux personnes qui l'attendaient à l'arrivée de la diligence. La première était un homme d'une cinquantaine d'années, à cheveux gris, qu'elle venait d'embrasser avec effusion et qui ne pouvait être que son père. La seconde était un jeune homme de vingt-cinq à trente ans, qui portait un uniforme de cavalerie. En dépit d'une veste du jaune serin le plus pur, c'était un charmant cavalier; taille plus que moyenne, élancée; tournure élégante et distinguée; l'ovale du visage allongé; des yeux de médiocre grandeur et trop rapprochés, mais vifs, spirituels, expressifs; un front étroit mais élevé; la peau brune; d'épaisses boucles de cheveux noirs; le nez long et légèrement aquilin; la moustache relevée à la hongroise; une mouche bien fournie sous une lèvre inférieure un peu trop saillante. Il se montra trop attentif et trop respectueux pour un frère, trop empressé et trop désireux de plaire pour un ami. L'échange d'un regard entre la *señorita* et l'officier m'en apprit davantage. Je ne manquai pas de trouver à celui-ci un air fat, impertinent, rodomont, maniéré, déplaisant, en un mot souverainement antipathique, et je gagnai la *fonda San Luis* dans ces bienveillantes et charitables dispositions.

II.

Pour un étranger qui n'y a pas encore de relations, Madrid est un séjour fort maussade. Point d'environs : le désert à la porte de la ville; un paysage sans eau et sans arbres. Rien autre à admirer dans la nature, à plusieurs lieues à la ronde, que le coucher du soleil derrière les cimes bleues de la Sierra de Guadarrama. Point de beaux monuments. Rien de bien original dans l'architecture. Pour unique promenade le *Prado,* d'où la *manola* (1) a disparu, et avec elle, n'étaient quelques *Pasiegas* (2) et des *aguadores,* presque toute couleur locale. Des théâtres où règne la traduction de nos vaudevilles et de nos drames. Les seules ressources du voyageur sont le musée, où sont réunis de magnifiques tableaux de toutes les écoles et des chefs-d'œuvre de maîtres peu ou point connus de ce côté des Pyrénées; les combats de taureaux, affreux spectacle pour lequel on finit par se passionner. Mais on ne peut passer toutes ses journées devant Velasquez, Murillo et Goya, et il n'y a *corrida* qu'une fois par semaine. Je n'étais pas depuis quinze jours à Madrid, que je m'y ennuyais déjà à périr. J'y

(1) La *manola* était la grisette de Madrid.
(2) Les *Pasiegas* tirent leur nom du Passage. Beaucoup de nourrices viennent de cette contrée. Elles conservent leur costume national.

restais cependant, tuant le temps de mon mieux, parce que le mariage de la Reine devait avoir lieu prochainement, et que je voulais voir les fêtes annoncées à cette occasion.

En manière d'exercice linguistique, mon professeur d'espagnol me mettait souvent sur le chapitre de mes impressions de la veille. Au risque de froisser son patriotisme, j'éclatai un beau jour, et je répondis à sa question habituelle sur l'emploi de mes journées, par une vraie diatribe contre sa chère capitale. « Nulle *tertullia* hospitalière. Le seul moyen d'employer ses soirées, une étude approfondie de tous les genres de *bebidas, heladas, sorbetes* et *quesitos,* qu'on trouve dans les cafés. » Oncques n'ai vu homme si étonné. Sa stupéfaction fut telle qu'il demeura muet. Le lendemain seulement, il me demanda s'il me serait agréable de voir quelques uns de ses amis. J'acceptai la proposition avec empressement.

— Eh bien! je viendrai vous prendre ce soir pour vous conduire dans une maison où j'espère que vous trouverez quelqu'agrément.

Vers sept heures, en effet, il revint accompagné d'une fort jolie personne, blonde plutôt que brune, qu'il me présenta comme sa femme. Quoiqu'élevée en France, elle avait eu le bon esprit de reprendre cette gracieuse mantille que portaient déjà les Ibériennes lorsque les Romains entrèrent en Espagne, et de se refaire Castillane, pendant que beaucoup de Madrilègnes s'appliquent de toutes leurs forces à s'enlaidir, en rejetant leur charmante coiffure pour s'affubler de l'affreux et stupide morceau de carton enrubanné que portent sur la tête les femmes *comme il faut* de Paris et du reste de l'Europe. J'étais bien un peu surpris de recevoir la visite d'une femme dont j'ignorais l'existence cinq minutes auparavant, mais je m'efforçai de n'en rien laisser voir et je reçus de mon mieux dans ma chambrette d'auberge le jeune et aimable ménage. Mari et femme avaient fort bonnes façons. Je retrouvais en eux le même mélange de réserve et de dignité d'une part, de grâce et d'enjouement de l'autre, qui m'avait séduit et charmé dans mes compagnons de voyage.

Lorsque nous fûmes un peu en connaissance, la *señora* Manrique donna le signal du départ. « A la française, » me dit-elle en acceptant le bras que je lui offrais sur l'invitation de son mari, et nous descendîmes la *calle Montera* dans laquelle était situé mon hôtel.

Quoique la journée eût été brûlante, il faisait véritablement froid. L'air était vif et piquant comme en hiver. La brise qui soufflait de la montagne était presqu'insensible, et cependant elle pénétrait jusqu'aux os. Ma jolie conductrice serrait de son mieux sa mantille sur ses épaules, et hâtait le pas en se *parant* derrière moi.

— Et où avez-vous, Madame, la bonté de me conduire, lui dis-je en traversant la *puerta del Sol?*

— Chez un *señor* Henriquez, parent de mon mari. Il est employé au ministère de Grâce et Justice.

— A-t-il une femme, des enfants?

— Il est marié et il a une fille.... qui ne vous déplaira pas.

— Assurément pas si elle vous ressemble, répliquai-je galamment.

— Je dois vous prévenir que son cœur n'est pas plus libre que le mien. Elle n'est pas encore mariée, mais elle est fiancée.

— Ah ! Est-ce une indiscrétion de vous demander avec qui ?

— Avec un jeune cavalier qui doit figurer aux courses de la Reine. On n'attend que sa nomination au grade de capitaine pour conclure le mariage.

— Est-il bien de sa personne ?

— Vous allez probablement pouvoir en juger par vous-même.

Et comme nous venions d'entrer dans une petite rue latérale à la calle de San Geronimo, mon introductrice ajouta :

— Vous êtes sans doute bien aise de connaître nos anciens usages.

— Certainement, Madame.

— Eh bien, écoutez, me dit-elle en entrant dans le *portijo* d'une maison de modeste apparence. Nous étions en face d'une seconde porte. Elle en saisit le marteau, et après avoir frappé dit à haute voix : *Ave Maria purisima*.

— *Sin pecado concebida*, répondit une voix de l'intérieur. Un guichet s'ouvrit, et la même voix reprit : *Quien es ?*

— *Gente de paz*, répondit en riant la *señora* Manrique, qui évidemment ne s'était prêtée à ce cérémonial que pour mon instruction.

Un gros rire répondit au sien. C'était celui d'une solide commère, Galicienne, je pense. *Entran ustedes*, nous dit-elle en se dépêchant de nous ouvrir. Elle tenait en main une petite lampe en cuivre, à mèche fumeuse, à lumière vacillante, dont la forme me rappela beaucoup celle des lampes barbaresques.

Avec un peu de complaisance on aurait aussi pu trouver à l'escalier un air algérien. Pour compléter la nouveauté de la scène, le son d'une guitare eût été nécessaire. Cette fortune me manqua. On faisait bien de la musique au premier étage, mais, comme si nous eussions été à Paris, c'était du piano qu'on y jouait.

J'étais encore sous le coup de ce mécompte, lorsque la porte de la chambre d'où partait le bruit s'ouvrit devant nous. Une lampe Carcel était posée sur le piano. Un abat-jour concentrait sa lumière sur un cahier de musique, et laissait le reste de la pièce dans l'ombre. Une jeune femme, en robe de soie noire, s'empressait à notre rencontre, et complimentait la nouvelle arrivée d'une manière à la fois caressante et bruyante, tandis que celle-ci s'efforçait de me présenter. A cette effusion succéda une surprise silencieuse, dès qu'on s'aperçut de la présence d'un inconnu. Ce fut au tour de mon introductrice de s'étonner, lorsque sa jeune amie et l'étranger s'écrièrent en même temps: « *Dios mio! Es usted?* » J'étais en pays de connaissance. La jeune femme à la robe noire n'était autre que l'aimable *señorita* avec qui j'avais fait la route de Vittoria à Madrid.

La reconnaissance fut des plus cordiales et des plus aimables. Délivrée de sa migraine, la mère poussait force « *Jesus! Maria!* » sur la singularité de la rencontre. Je fus présenté au père sous le titre de *companero di viaje*. Personne ne savait encore qui j'étais, qu'on me traitait déjà en ami de la maison. Mon obligeant professeur parvint enfin à décliner mon nom, mais sans plus tarder la *señorita* demanda mon prénom, et à dater de ce moment je devins Don Esteban. Un autre Don en habit noir se tenait debout près du piano. Je reconnus tout de suite, malgré le changement de costume, le jeune officier que j'avais déjà vu à l'arrivée de la diligence.

Sa fiancée, à laquelle j'entendais donner le nom singulier de Concepcion, le prit par la main, et, se tournant vers moi avec une grâce charmante, me dit en rougissant et d'une voix un peu voilée :

— Voilà Don José Quijano, mon *novio*, qui vous baise les mains.

Il y avait tant de naïveté, de franchise, de simplicité dans ce mouvement ; elle paraissait si heureuse et si fière de son choix, que l'émotion me gagna, et qu'au lieu de répondre par quelque compliment banal, je restai muet.

— J'envie votre sort, repris-je tôt après, et je ne sais vraiment lequel des deux je voudrais être.

Il va sans dire que le jeune officier ne me paraissait plus ni fat, ni impertinent, ni déplaisant. Quoique ma présence dût le contrarier, puisqu'elle lui enlevait les charmes d'un quasi tête-à-tête, son accueil fut plein de courtoisie et nous fûmes sur-le-champ dans les meilleurs termes. Toutefois, ni chez lui, ni chez son futur beau-père, je ne rencontrai la même affabilité que chez les femmes de cette petite réunion. Du reste, j'avais déjà eu plusieurs fois occasion de remarquer combien est grande en Espagne, sous le rapport de la réserve, la différence de caractère des deux sexes. C'est chez les hommes surtout qu'on trouve la gravité proverbiale des Castillans, et la noble fierté de *l'hidalgo*, trop sujette par malheur à dégénérer en un orgueilleux dédain.

Après une conversation dont les souvenirs du voyage commun et les fêtes prochaines firent les frais, je demandai à la *señorita* Concepcion de se remettre au piano. Elle y consentit sans se faire prier, et eut la complaisance de me jouer quantité d'airs nationaux, *boleros*, *seguidillas*, *jaleos*, etc. Musique originale et singulière, tantôt monotone et triste comme les plaines de la Castille; tantôt animée et luxuriante de vie comme la Vega de Grenade; d'un rythme lent et cadencé comme la marche d'un convoi de mules ou de bœufs, ou vif, pressé, bondissant comme le galop d'une cavale aux jarrets nerveux. Voyant combien je goûtais les étranges mélodies de son pays, la *señorita* m'en chanta plusieurs. La voix leur donne plus de caractère encore. Elle accentue plus fortement les notes vibrantes et les mouvements passionnés des *jaleos;* elle exprime plus délicatement la spirituelle finesse des *seguidillas;* elle donne plus de mélancolie à la longueur plaintive des *boleros.*

Onze heures arrivaient sans que je m'en aperçusse, et que je fisse mine de m'en aller. Il faut dire à ma justification que la chambre était dépourvue de pendule. Tout le mobilier se composait d'une natte et de quelques chaises en paille. Le piano seul était en acajou. Les murs étaient blanchis à la chaux. Aux fenêtres, des rideaux de coton blanc. Jusque dans la capitale de l'Espagne, je retrouvais un exemple frappant de cette simplicité d'habitudes, de ce dédain du luxe et du comfort que les admirateurs de la civilisation matérielle lui reprochent comme une honte, et que ne connaissent et ne louent pas assez les amis de la vraie civilisation, de la civilisation morale.

La *señora* Manrique se leva. Je me confondis en remerciements, et ils étaient sincères, car peu de soirées m'ont été aussi agréables. Mes hôtes mirent cent fois leur maison à ma disposition, et me prièrent de la façon la plus aimable de les venir voir souvent pendant mon séjour à Madrid.

Au risque d'être importun, je n'y aurais pas manqué si je n'étais parti pour Tolède. Je comptais n'y passer que trois jours, mais cette reine déchue, cette capitale gothique, cette terre des conciles politiques, cet illustre siége épiscopal, cette « pierre précieuse » du Khalifat de Cordoue, ce dernier boulevard des vieilles libertés castillanes, me retint plus longtemps que je n'en avais le projet. C'est qu'à la grandeur des souvenirs, à la majesté de la mort, Tolède réunit les beautés de l'art et de la nature. Bâtie sur un promontoire de rochers, dont un repli profondément encaissé du Tage baigne les flancs abruptes, elle communique par deux ponts élevés sur de grandes arcades, et fermés par des tours massives, avec l'amphithéâtre de montagnes décharnées qui l'entourent de trois côtés. Sur le quatrième, elle domine une plaine fertile arrosée par le fleuve. Ses restes d'architecture arabe, l'alcazar inachevé de Charles-Quint, sa magnifique cathédrale gothique, ses couvents en ruine, sa poétique église de *San Juan de los reyes*, dont les murs étaient couverts par les chaînes, aujourd'hui dispersés par le vandalisme révolutionnaire, des esclaves chrétiens de Grenade délivrés par Ferdinand et Isabelle, en font une des villes les plus intéressantes d'Espagne. Quoique je n'y eusse trouvé ni bon gîte, ni bonne table, bien s'en faut, je ne regagnai Madrid que le lendemain du jour où le duc d'Aumale et le duc de Montpensier y avaient fait leur entrée.

La partie la plus curieuse des fêtes publiques qui devaient avoir lieu à l'occasion du mariage de la Reine et de l'Infante, était sans contredit la course de taureaux dont on faisait les préparatifs sur la *plaza Mayor*. Cette arène était trop vaste pour que le combat suivant les règles ordinaires y pût avoir pour les *aficionados* le même intérêt qu'à la porte d'Alcala, mais à cette corrida devaient prendre part les plus fameux toreros d'Espagne, et, pardessus tout, elle devait être précédée d'un combat d'un tout autre genre et dans lequel des gentilshommes devaient figurer comme acteurs principaux. L'un d'eux était Don José Quijano, le fiancé de la *señorita* Concepcion.

Dès mon arrivée, j'allai rendre visite à la famille Henriquez que je trouvai fort tristement préoccupée, comme il était naturel. Affectant une sécurité que démentait son visage, la jeune fille prétendait assister à la course. Ses parents tentaient en vain de l'en dissuader. Si Don José devait en sortir sain et sauf, elle voulait être la première à l'applaudir et de ses propres yeux jouir de son triomphe. S'il devait être tué, elle voulait que le dernier regard de celui qui mourrait pour elle pût rencontrer le sien. Je l'appris seulement alors : C'était pour obtenir sa main que Don José allait combattre le taureau. Quelque flatteuse que pût être son alliance pour la famille Henriquez qui n'était pas noble, ses assiduités et sa demande avaient été d'abord et avaient dû être mal accueillies. Il ne lui restait, en effet, aucune fortune, et il avait été mis en retrait d'emploi pour opinions politiques. Les parents de Concepcion avaient eux-mêmes peu de bien, et ne pouvaient donner à leur fille qu'une dot médiocre. La marier dans de telles conditions n'eût pas été sage. Mais la jeune fille aimait le séduisant officier. Il leur fallut capituler avec son inclination, et consentir à des fiançailles en attendant la réintégration sollicitée et espérée de Don José dans les rangs de l'armée. Sur ces entrefaites était survenu le mariage de la Reine. Aussitôt Don José avait résolu de reconquérir son grade comme *caballero rejonador.* Ces fonctions sont réservées à des gentilshommes pauvres. La récompense de leur bravoure est d'ordinaire une place d'écuyer dans les écuries du Roi. Don José avait reçu la promesse d'une lieutenance, et, par avance, la permission de reprendre son uniforme. On lui avait même fait entrevoir l'épaulette de capitaine. En gagner les appointements était atteindre le but de ses vœux les plus ardents, surmonter le seul obstacle qui s'opposait à son mariage. C'était donc bien pour Concepcion, en effet, qu'il s'exposait à la mort. Dans le premier moment j'avais joint mes instances à celles de ses parents pour la détourner du projet d'assister à la course. Lorsque je fus mieux au courant de la situation, je ne défendis plus que mollement mon opinion, car au fond j'approuvais et j'admirais sa résolution. C'était le noble cri d'une âme aussi énergique qu'aimante. Personne d'ailleurs n'aurait réussi à la dissuader, car son fiancé y échoua tout aussi bien que ses parents.

Comme employé d'un Ministère, *Il señor Henriquez* avait reçu des billets pour une tribune réservée. Je devais à l'obligeance de l'ambassadeur de France, une place dans une autre tribune située en face de la loge royale. Cependant nous convînmes d'aller ensemble à la course. Le jour venu nous partîmes dès midi.

Le Castillan est noble, fier, loyal, brave, mais il est cruel. Son cri d'opposition n'est point *abajo*, mais *muera*. Renverser, abattre son adversaire ne lui suffit pas. A ses yeux, l'issue naturelle de toute lutte est la mort de l'un des combattants. Aussi la reçoit-il comme il la donne. Il trouve tout simple d'être fusillé par ceux qu'il aurait fait fusiller, si la fortune lui eût été propice. Nous croyons volontiers que l'Espagne gémissait sous le joug de l'Inquisition. C'est le contraire qui est la vérité, et la preuve c'est que l'Inquisition n'a été cruelle que dans la Péninsule. Rien n'est plus conforme aux instincts de l'Espagnol, que de se débarrasser de la contradiction par le supplice du contradicteur. Il y a un fond de férocité impossible à nier dans son caractère. La vue du sang, de la douleur, de l'agonie, n'excite point en lui la même répulsion, le même effroi qu'en nous. Disons tout. La fibre de la pitié ne vibre point en lui, et il se délecte du spectacle de la souffrance. Il se complaît à torturer, avant de le tuer, l'animal dont il va se nourrir. Son divertissement favori est un spectacle affreux, où la fureur du taureau est applaudie, et où l'on chante au torero, s'il se laisse glacer d'épouvante, les litanies des agonisants. Au commencement de ce siècle, il a déshonoré la plus belle des causes par des raffinements de cruauté aussi inutiles qu'atroces et sauvages.

J'avais assisté à un assez grand nombre de corridas pour n'en plus ressentir l'horreur aussi vivement que le premier jour; pour en goûter même, je l'avoue à ma honte, le barbare attrait. Quinze jours plus tôt, j'aurais probablement couru avec empressement au nouveau genre de combat que j'allais voir. Maintenant que je connaissais l'un des hommes qui allaient exposer leur vie pour amuser des milliers de spectateurs; maintenant que j'allais m'asseoir à ce théâtre presqu'à côté d'une famille dont l'avenir et le bonheur dépendaient d'un coup de corne; je m'étonnais que l'heureux événement d'un double mariage dans la famille royale ne pût être célébré plus dignement que par un massacre d'animaux, et peut-être la mort inutile, non seulement de toreros qui font métier de ces jeux sanglants, mais encore de malheureux hidalgos sans expérience, qui viennent moins chercher dans le cirque les applaudissements de la foule qu'une pension sur la liste civile de la Couronne.

Ni les parents de Concepcion, ni elle-même, ne faisaient ces réflexions philosophiques. « L'habitude est une seconde nature, » dit le proverbe. Ces courses sont un antique usage. Elles leur semblaient donc une chose toute simple. Ils étaient seulement préoccupés et soucieux. Maintenant que le parti d'assister au combat était pris, c'étaient le père et la mère qui affectaient la confiance et la sécurité, mais les efforts qu'ils faisaient pour cacher ce qui se passait dans leur cœur ne trahissaient que mieux leur pensée intime. La jeune fille parlait peu. Sa physionomie n'exprimait cependant ni hésitation ni faiblesse. Quoique beaucoup moins profondément impressionné qu'elle, j'étais peut-être plus inquiet, parce que dans mon ignorance je m'exagérais le péril. Plus nous approchions, plus l'émotion me gagnait.

— Je viendrai faire mon compliment à Don José chez vous, lui dis-je en la quittant devant l'église de Santa Cruz.

— *Ojala* (1) *!* me répondit-elle avec un sourire forcé.

Une fois entré dans la tribune, je fus distrait de mes sombres pressentiments par la vue de la *plaza Mayor*. Sur tout son pourtour, les arcades étaient cachées par des gradins déjà couverts de spectateurs. D'autres se pressaient à toutes les fenêtres. Il y en avait nombre sur les toits, et on en découvrait jusque sur la flèche d'un clocher voisin. C'était un saisissant coup-d'œil que celui de cette foule de toutes les couleurs et de toutes les conditions, rangée autour d'une vaste enceinte de grands bâtiments pavoisés. Le soleil brillait d'un vif éclat.

(1) Corruption du *Ich Allah* arabe.

Je n'avais jamais vu si beau, si éblouissant, si imposant théâtre; public si bruyant, si animé, si innombrable.

Sous le balcon de l'*Ayuntamiento* que devaient occuper les Reines, le Roi, l'Infante et les Princes, la forte barrière qui sépare l'arène des spectateurs était interrompue, et, sur le terrain laissé libre, la compagnie des hallebardiers était rangée en bataille. Si elle est chargée par le taureau, elle doit tenir ferme en lui présentant la pointe de ses armes.. L'animal lui appartient s'il vient mourir sur ses piques. Vis-à-vis la loge royale, six alguazils, dans le costume noir classique, se tenaient à cheval au milieu du cirque.

Une longue rumeur et des acclamations annoncèrent l'arrivée de la Cour. Un programme imprimé sur une pièce d'étoffe en soie rose fut placé devant la Reine. Elle donna le signal. Une porte s'ouvrit sous nos pieds, et nous en vîmes déboucher le cortége des *caballeros rejonadores*. Je me suis laissé dire qu'autrefois les Grands d'Espagne descendaient eux-mêmes dans la lice. Ils se contentent aujourd'hui du rôle moins périlleux de parrains.

Chaque combattant s'en choisit un parmi la Grandesse, et en porte les couleurs. Quatre cavaliers devaient courir le taureau. Les ducs d'Ossuna, d'Albe, de Médina-Cœli, d'Abrantès en étaient les patrons. Leurs carrosses, précédés et suivis d'une nombreuse livrée, attelés de quatre chevaux empanachés, entrèrent successivement dans la place et en firent le tour. Arrivés devant la loge royale, chaque parrain et son cavalier mettaient pied à terre pour saluer la Reine et accomplir le cérémonial de la présentation. Derrière les voitures de gala s'avançait la *cuadrilla* des *toreros*, qui, selon l'usage, mirent genou en terre devant la Reine.

Peu d'instants après leur sortie, les *caballeros rejonadores* parurent à cheval dans l'arène. Ils portaient le costume du temps de Philippe IV. Chacun d'eux était armé d'un javelot appelé *rejon* ou *rejoncillo*, d'environ six pieds de longueur. Le bois en est léger et cassant, peint en rouge et jaune; la pointe, acérée et brillante. Leurs chevaux étaient de beaux andalous de haute taille. Ainsi monté, le cavalier peut aisément frapper le taureau de haut en bas entre les deux épaules. Costume et chevaux sont fournis aux *caballeros* par leurs parrains. Ceux-ci les font de plus assister par quelque torero en renom. Le fameux Montès, Chiclanero, Cucharez et Blanco accompagnaient les combattants.

Si je n'avais su qu'il devait être vêtu de bleu, et qu'il avait pour assistant le brillant et agile Cucharez, facile à reconnaître même de loin à sa petite taille, à son teint bronzé et à ses formes rondes, j'aurais eu de la peine à reconnaître Don José sous son déguisement. Naturellement mon attention se porta sur lui plus que sur tout autre. Il maniait avec grâce un superbe cheval bai brun. Son attitude indiquait l'assurance et la résolution. Il tournait souvent la tête vers les tribunes adossées à la *calle de Zaragoza*. Quand il s'avança de mon côté, je vis qu'il était un peu pâle. On le serait à moins.

Le premier taureau était vigoureux et brave. Il se lança d'abord, à la grande joie des spectateurs, sur le groupe des pacifiques alguazils qu'il dispersa et mit en fuite. Animé par cette facile victoire, il avait attaqué le caballero du duc d'Ossuna, qui, peu ferme sur ses étriers, lui avait brisé sa lance dans le flanc au lieu de le frapper sur le garrot. Sans l'habileté consommée de Montès, qui, se glissant sous la tête du cheval, capa le taureau, il était perdu. Don José s'était porté en avant au galop, et, brandissant son javelot, s'était arrêté près de l'animal en furie.

Dans les courses ordinaires, le taureau n'est sérieusement attaqué par l'*espada* que lorsqu'il a déjà épuisé une partie de ses forces sur plusieurs chevaux, et des *picadores* dont la jambe droite est bardée de fer; lorsqu'il est découragé par ses vaines poursuites contre les *chulos* et les *banderilleros*. Dans le combat auquel j'assistais, le taureau est encore dans toute sa force, lorsqu'il se précipite sur un adversaire dont un fragile *rejon* est l'unique arme offensive, et qui pour parer les coups n'a que le corps de son cheval. Or, meilleur est celui-ci, pire est le bouclier, parce que la peur le rend indocile, et qu'au lieu de se laisser placer comme les rosses demi-mortes des *picadores*, il résiste au cavalier et cherche à se dérober.

Provoqué par Don José, le taureau recula de trois pas, se battant les flancs de la queue, et fondit tout-à-coup sur lui comme une flèche. Je vis le *rejon* s'abaisser. Tout disparut dans un nuage de poussière. Taureau, cheval et cavalier étaient étendus par terre. Ce dernier seul se releva en agitant son chapeau. Un immense applaudissement lui répondit de partout. Le cœur me battait avec force. Quelle n'avait pas dû être l'angoisse de sa fiancée !

Un second taureau entrait par une porte, pendant que des mules pomponnées entraînaient le premier par une autre. On avait amené à Don José un second cheval. Dès qu'il l'eut rassemblé et lui eut fait faire quelques courbettes, j'augurai mal de ce qui allait se passer. C'était une bête magnifique, mais trop nerveuse pour le combat. Elle mâchait son mors, pointait les oreilles, et frémissait à la moindre attaque de son cavalier. Enhardi cependant par un premier succès, Don José s'éloigna intrépidement de la barrière, et, accompagné de Cucharez qui tenait son cheval par la bride, se porta à la rencontre du taureau. L'animal sortait de je ne sais plus quelle célèbre *ganaderia*. Il bondit dans la direction du *caballero* en marche, et, après un court temps d'arrêt à quelques pas de lui, se lança à fond de train. Don José cherchait en vain à placer sa monture sur une ligne oblique à celle que devait suivre le taureau. Elle se défendait et cherchait à faire volte-face. Voyant le danger, Cucharez s'était courageusement avancé de deux pas, et avait cherché à détourner le taureau avec la cape. Mais celui-ci ne s'était pas laissé tromper par cette manœuvre : il arrivait droit sur Don José. Au moment où il baissa la tête pour porter son coup, le cheval se cabra, et la longue corne effilée de son adversaire disparut dans son poitrail. Le sang jaillit sur son brillant pelage gris d'argent; son sabot frappa le garrot du taureau; il fut renversé sur le dos comme un chien par le sanglier.

Tel était le silence des cent mille spectateurs, qui, les yeux fixés sur cette scène horrible, en attendaient l'issue avec anxiété, que de l'autre extrémité de la place, on entendit distinctement le choc. Un frisson parcourut tous mes membres. Une sueur froide mouillait mon front, pendant qu'une troupe de *chulos* agitant leurs *mantas* de toutes couleurs devant le taureau étonné, l'attiraient d'un autre côté. Le cheval se releva. Une fontaine de sang sortait de la plaie, par jets, comme la vapeur s'échappe du piston d'une machine. Il alla tomber à vingt pas. Don José, lui, ne se relevait pas. Je le vis bientôt porté par quatre ou cinq hommes. Il ne donnait aucun signe de vie. Pour sortir de l'arène, il passa en cet état devant la tribune où était Concepcion.

J'étouffais. Je quittai ma place tout troublé et me mis à chercher l'infirmerie. J'eus beaucoup de peine à la trouver. Elle avait été établie dans des magasins, au rez-de-chaussée d'une maison voisine de la place. On ne voulut pas me laisser entrer. Aux interrogations que je leur adressais, les sortants répondaient invariablement : « Bien ; ce n'est rien ; » mais c'était visiblement pour se débarrasser de moi. Je parvins enfin à m'y glisser. J'y trouvai des infirmiers, des amis à moi inconnus du blessé, son parrain, deux chirurgiens et un prêtre. Un crucifix et un tabernacle annonçaient que les précautions étaient prises pour administrer, le cas échéant, les derniers sacrements aux blessés.

Couché sur un mauvais lit, Don José était sans connaissance, mais il respirait encore. Le sang sortait du nez et de la bouche. Un chirurgien me dit qu'il avait deux côtes cassées, ce dont il ne fallait point s'effrayer, mais qu'il était impossible de savoir quels pouvaient être les désordres intérieurs. Une saignée pratiquée avant mon arrivée paraissait l'avoir soulagé. Son riche costume de velours ajoutait par contraste à la tristesse du spectacle de ce beau jeune homme mourant. De son chevet, on entendait les applaudissements du cirque. Plus heureux que Don José, le filleul du duc d'Abrantès, Romero, y faisait des prouesses qui lui valurent les honneurs de la journée. Cependant, les figures de tous ceux qui m'entouraient étaient impassibles. Pas un visage n'exprimait les sentiments auxquels j'étais en proie. Infirmiers, chirurgiens, aumôniers, étaient d'un calme parfait. Les amis étaient plus émus, mais, ni plus, ni moins, ni autrement, que si le malheureux gisant à côté d'eux eût été frappé par une balle ennemie sur un champ de bataille. Son genre de mort leur paraissait tout aussi naturel.

Ne voyant point arriver le père de Concepcion, j'en conclus qu'il était survenu quelque chose de ce côté, et je sortis pour aller à la découverte. A cent pas de l'infirmerie je le rencontrai qui accourait. Sa fille, malgré toute son énergie morale et son courage, s'était trouvée mal. Il avait fallu la conduire chez elle en voiture. Nous rentrâmes ensemble près de Don José.

III.

Tous mes préparatifs étaient faits pour quitter Madrid le surlendemain. La saison s'avançait. Je ne pouvais retarder mon départ sans déranger tout le reste de mon voyage. Je n'étais, d'ailleurs, d'aucune utilité à la famille Henriquez. Je me résignai donc à partir avant de connaître le dénoûment de la cruelle situation dans laquelle se trouvaient ces excellentes gens. Don José restait entre la vie et la mort. Concepcion était dans le délire d'une fièvre cérébrale.

Je montai en voiture le cœur plein de tristes

prévisions. L'aspect monotone de la Manche n'avait pas de quoi m'en distraire. D'*Ocaña* à la *Sierra Morena* on n'aperçoit, à perte de vue, que d'immenses plateaux poudreux, une campagne brûlée, un horizon sans couleur et sans relief, dont les lignes droites ne sont que de loin en loin coupées par des moulins à vent. C'est brusquement, sans transition, comme par enchantement, qu'on passe de cette terne, plate et triste nature, aux paysages africains de l'Andalousie. L'olivier, le lentisque, le figuier, le grenadier, l'aloès surgissent d'un sol rouge et brûlé comme celui du Sahel d'Alger. Les maisons de la Carolina sont d'un blanc aussi vif que celui des villes barbaresques. Au fond de la riche vallée dans laquelle plonge le regard, coule l'Oued-el-Kebir. Les sommets bleus du Djebel-el-Jaen ferment l'horizon du côté de Grenade. Ravissante surprise pour qui vient de traverser les Castilles! Elle m'arracha à mes sombres préoccupations. Les beautés et les incidents variés de la route absorbèrent ensuite mon attention, et ne me laissèrent qu'à intervalles le loisir de penser à mes amis de Madrid.

Cependant, j'étais arrivé à Cordoue. Comme je passais un soir devant le bureau des *Peninsulares*, après une longue visite de la mosquée aux mille et une colonnes bâtie par Abd-el-Rahman, une voix dit : « Il est mort. » Cette parole me tira de ma rêverie, et ramena tout-à-coup ma pensée des Khalifes à ce que j'avais sous les yeux. Elle sortait de la bouche d'un voyageur encore tout couvert de poussière, et répondait évidemment à l'interrogation d'un ami qui était venu l'attendre à l'arrivée de la voiture. L'idée me vint aussitôt qu'il pouvait bien être question entre eux de Don José. Je m'approchai, et comme en Espagne il n'est point impoli de parler poliment à un inconnu, je m'adressai au voyageur :

— Permettez-moi de vous demander si vous venez de Madrid, lui dis-je?

— Oui. Pour vous servir.

— En ce cas, pouvez-vous me donner des nouvelles de Don José Quijano, le *caballero rejonador* qui....

— Il est mort.

— Ah, mon Dieu! Mais en êtes-vous bien

sûr, repris-je, quoique la chose ne fût que trop croyable.

— Le bruit en courait dans tout Madrid, lorsque j'en suis parti.

— Et la *señorita* Henriquez? Savez-vous.....

— La *señorita* Henriquez! répéta avec étonnement mon homme qui ne comprenait pas le rapport des deux questions. Je me tus aussitôt, m'apercevant un peu tard de ma simplicité. Un honnête Cordouan qui était allé voir les fêtes en curieux, ne pouvait guère, en effet, être au courant des affaires de cœur d'un petit officier en disponibilité. Je remerciai, saluai, et partis tout bouleversé de la misérable fin du pauvre Don José.

Cette lugubre image me suivit à Séville où je passai l'hiver. Mais « le cœur de l'homme est plein d'oubli. » Cela est surtout vrai en voyage, où les impressions de la veille font sans cesse place aux impressions du jour. La *torre de Oro*, la Giralda, l'Alcazar, la Cathédrale, des rues et des maisons quasi mauresques, une enceinte crenelée, des tours et des aquéducs arabes, des usages singuliers, des mœurs originales, occupaient mon esprit et en chassaient inévitablement mes souvenirs de Madrid. Plus tard, ce fut le tour de Cadix, de sa magnifique rade, de sa longue et étroite presqu'île de sable et de rochers, de ses remparts battus par la vague comme à Malte, des riants et lointains faubourgs où les Gaditains viennent chercher de l'eau et de la verdure, et reposer sur de fertiles campagnes leurs yeux fatigués du spectacle de la haute mer. Les rosiers étaient en fleurs, lorsque je gagnai Grenade par Gibraltar et Malaga.

« *Quien no ha visto Sevilla, no ha visto Maravilla.* » A la rime près, le proverbe s'appliquerait beaucoup mieux à Grenade. Je ne sais pas si pareille réunion des beautés du Nord et du Midi se rencontre ailleurs en Europe. Au pied du Mulhausen couvert de neiges éternelles, une plaine d'une incomparable richesse, arrosée par les frais ruisseaux qui descendent de la Sierra Nevada, fécondée par un soleil d'Orient; la végétation de l'Egypte et les horizons de la Suisse; une grande ville dont les principaux quartiers portent encore des noms arabes, baignée par des torrents alpestres. L'un des derniers contreforts de la montagne, boisé de grands arbres, couronné par des tours vermeilles, domine les places et les rues. Son sommet est occupé par une vaste enceinte fortifiée, ancienne résidence des émirs Almaharides. Comme le sérail de Constantinople et le Kremlin de Moscou, l'Alhambrah est moins un palais qu'une ville. Les murailles, et, à côté des constructions inachevées de Charles-Quint, la plus belle partie de la Casbah d'Abou-Abd-Allah, sont presque seules restées debout. Dans cette riche architecture, dans ces dentelles de stuc et de marbre, l'imagination arabe s'est livrée à ses plus brillantes fantaisies, à ses plus séduisants caprices. Ici triomphe des doutes de l'histoire le poétique souvenir des Zegris et des Abencerrages. Sur un mamelon plus élevé encore, se dressent les hauts cyprès du Generalife. De ses jardins arrosés par une eau abondante et limpide, de ses terrasses fleuries, le regard plonge sur l'Alhambrah et sur Grenade, ou s'étend à travers la fertile et riante Vega jusqu'aux montagnes de l'Estelle.

Voulant jouir une dernière fois de ce magnifique spectacle, je suivais, la veille de mon départ, le sentier solitaire, qui, à travers les figuiers et les grenadiers sauvages, conduit de la Porte de Fer à la « Maison d'Amour » des émirs, lorsque je vis venir à ma rencontre une jeune femme accompagnée d'un officier. La brise du soir faisait voltiger autour de sa tête la garniture légère de sa mantille. Une fleur d'un rouge vif était posée de côté dans ses cheveux. Elle marchait d'un pas languissant, tendrement appuyée sur le bras de son cavalier. En approchant je crus reconnaître Concepcion.

— Quoi! déjà consolée, me dis-je en moi-même. Cela n'est pas possible. — Cependant, plus j'avançais, plus la ressemblance me semblait frappante. Je n'en pouvais croire mes yeux. C'était bien elle pourtant, et, pour comble d'étonnement, l'heureux officier, dont ses yeux cherchaient le regard plus souvent qu'ils ne se promenaient sur l'admirable nature dont elle était environnée, n'était autre que Don José lui-même. J'aurais rencontré un revenant que ma surprise n'aurait pas été plus profonde.

— Quelle joie de vous revoir, m'écriai-je en me précipitant au-devant de mes amoureux!

Est-ce bien vous, Don José? Je vous croyais mort.

— Je ne reviens pas tout-à-fait de l'autre monde, me dit-il en me serrant la main, mais guère s'en faut.

— Dieu me l'a rendu, dit Concepcion d'une voix émue.

— Par quel miracle?

— Don José ni moi n'en savons rien, attendu que nous n'avions notre connaissance ni l'un ni l'autre. Il a été huit jours à l'agonie. Tout Madrid l'a cru perdu.

— Et vous?

— Moi! J'ai été guérie, dès qu'on est parvenu à me faire comprendre que Don José vivait et vivrait.

— Vous êtes maintenant....

— Sa femme.... Don Esteban, je vous présente mon mari, le capitaine Quijano. La Reine l'a nommé dans le régiment qui est en garnison à Grenade. Nous sommes ici depuis trois jours.

— Et moi, hélas! j'en pars demain.

Un mois après, j'attendais à Valence le bateau à vapeur de Barcelone. J'allai chercher mes lettres à la Poste. J'en trouvai une dont l'adresse était en espagnol et d'une écriture inconnue. Je la tournais et retournais en tous sens, me creusant la tête à deviner qui pouvait me l'avoir écrite. Il eût été plus simple de commencer par l'ouvrir, ce dont je m'avisai à la fin. Elle ne contenait que six lignes :

Cher Don Esteban,

Mon cœur ne consent pas à vous laisser partir sans vous envoyer un adieu. Je vous ai vu sept ou huit fois seulement, mais je m'assure que votre caractère est d'une noblesse toute castillane. Ne doutez pas que vous laissez en Espagne une amie qui ne vous oubliera jamais.
Concepcion.

Hum! fis-je en moi-même. Est-ce que le charme serait déjà rompu?

En relisant, je compris que *Doña Concepcion* n'avait pas voulu que je quittasse son pays, sans emporter d'elle un souvenir plus tendre que de raison. Je professe une grande admiration pour les femmes espagnoles, mais je dois confesser qu'elles sont d'une coquetterie sans pareille. Quand un chien regarde une Andalouse, elle rajuste sa mantille.

PYRÉNÉES.

Pour des touristes, Bagnères de Luchon est trop civilisé. Ce n'étaient ni les Champs-Elysées, ni le bois de Boulogne, que M. de Mauplant et moi venions chercher dans les Pyrénées. Aussi arrêtâmes-nous un guide et des chevaux, avant même d'être pourvus d'un logement. Malgré le nombre des promeneurs et l'élégance des toilettes, la soirée nous fut maussade, car le ciel s'étant voilé vers le coucher du soleil, nous craignions de ne pouvoir nous enfoncer dès le lendemain dans les montagnes. Notre contrariété était d'autant plus vive, qu'un rapide coup-d'œil jeté, en mettant pied à terre dans les Allées d'Etigny, sur les pentes boisées et les cimes dentelées qui ferment l'horizon du côté de l'Espagne, nous avait fait deviner une des plus belles parties de notre voyage.

Lorsque nous montâmes à cheval, les sommets étaient encore enveloppés de brouillards. Trop peu sûrs du temps pour hasarder une course plus lointaine, nous nous dirigeâmes vers la vallée du Lys; mais lorsque nous eûmes dépassé le vallon de Burbe et la tour solitaire de Castel-Vieilh, les brumes se dissipèrent peu à peu, et bientôt un soleil brillant éclaira Super-Bagnères de ses feux. L'occasion de voir parfaitement la Maladetta était trop séduisante pour être manquée : nous changeâmes d'itinéraire. Au lieu de franchir le gave et de gagner par la vallée de droite les *cascades illustres*, nous suivîmes le chemin plus incliné qui conduit au port de Venasque.

Après une heure de marche silencieuse sous les imposants ombrages de Carouga, nous découvrîmes les crêtes aiguës que nous allions franchir, et que nous n'avions jusque-là qu'entrevues de temps à autre à travers le feuillage touffu des grands arbres de la forêt. C'était un magnifique spectacle. Au-dessus de notre tête s'élevaient l'aiguille de la Pique et les arêtes des cimes voisines, détachant la sombre silhouette de leurs rochers décharnés sur un ciel d'une parfaite pureté. Devant nous, en pleine lumière, le vert tapis des hauts pâturages traversés par un torrent. Pour premier plan, la noire verdure des pins et les ombres épaisses des hêtres séculaires.

Quelque absorbé que je fusse par la contemplation du paysage, il me fallut bien prendre garde à une jeune fille qui passa près de nous au moment où nous allions atteindre l'hospice. Elle était, en effet, trop belle pour ne pas attirer l'attention. Une bouche un peu forte et à coins baissés déparait seule ses traits fins et réguliers. Ses yeux surtout étaient admirables. Elle était grande et bien faite. Quoique ses pieds fussent nus, elle foulait résolûment l'herbe courte et rude ou les pierres du sentier. Elle avait la démarche lentement agile des montagnards et quelque chose de la noblesse des statues antiques. Peut-être devait-elle une bonne partie de ce dernier genre de beauté à une attitude qui fait singulièrement valoir les formes du buste, et présente la plus heureuse combinaison de lignes à laquelle se puisse plier le corps humain : Sur sa tête, couverte du capulet rouge de Bigorre et d'Argelès, elle soutenait de la main gauche un volumineux paquet enveloppé d'une toile grossière, tandis que de la droite elle faisait les gestes favorables au maintien de l'équilibre dans un chemin accidenté.

Elle échangea un bonjour familier avec notre guide. A mes questions ce dernier répondit qu'elle était servante de l'aubergiste chez lequel nous allions faire halte, et qu'elle allait porter leur repas à des bergers du voisinage.

A l'hospice qu'elle venait de quitter, nous trouvâmes des pâtres aragonais. Tous les ans les pâturages de cette région sont affermés par des Espagnols de la frontière, et pendant trois ou quatre mois ils viennent camper avec leurs troupeaux sur le versant français des montagnes. Ceux avec lesquels j'échangeai quelques mots, dans une cuisine enfumée qui ressemblait fort à celle des *ventas* castillanes, avaient laissé leurs compagnons à la garde du *ganado* dans la gorge par laquelle nous devions passer. De la situation de Sarragosse, alors menacée par le général Dulce, ils ne savaient pas un mot. Ils avaient seulement entendu dire que la garnison de Venasque avait quitté le fort, et qu'à Madrid il y avait un combat dont ils ne connaissaient ni les causes, ni l'issue. Les agitations politiques n'ont pas d'écho à cette hauteur, et la présence d'un ours dans le pays est pour ces hommes demi-sauvages un événement de bien autre importance que la chute d'Espartero, voire même de la reine Isabelle.

Après un frugal déjeuner, nous reprîmes le chemin du port. L'ascension commence aussitôt qu'on a traversé le torrent qui coule à une centaine de pas de l'hospice, et auquel a donné son nom le pic d'où descendent ses eaux. La pente est rapide. On marche tantôt sur des pierres amoncelées, tantôt sur des pelouses verdoyantes, dans une gorge formée par deux gigantesques murailles de rochers, parsemés çà et là de touffes de verdure. Souples, adroits, doués d'un jarret nerveux, nos petits chevaux gravissaient avec ardeur le chemin malaisé qu'il nous fallait suivre. Bientôt nous atteignîmes les troupeaux, dont le voisinage nous était annoncé par le son des *trucos* et des *esquerros* que portent au cou les plus beaux animaux. Les vaches avaient été chercher l'ombre et la fraîcheur près du ruisseau qui longe la base de la Pique. Plus haut, nous rencontrâmes les moutons, qui abritaient leur tête derrière une roche ou sous le ventre de leurs voisins, et quelques chèvres dont les membres robustes, les longs poils tombant presque jusqu'à terre et les immenses cornes nous firent aussitôt penser aux bêtes du Thibet. Au milieu d'eux étaient couchés trois ou quatre de ces énormes chiens, particuliers aux Pyrénées, dont la physionomie indique plus de courage que d'intelligence, et qui, par leur démarche, ressemblent aux animaux qu'ils sont chargés de combattre. Leur rôle se borne à faire bonne garde, et ils n'aident guère leurs maîtres à rassembler et à conduire le troupeau, comme le font les noirs et infatigables serviteurs de nos bergers du Nord.

Vers le sommet de la gorge, au point où elle semble fermée par une bande transversale de rochers en surplomb, notre petite caravane se trouva tout-à-coup, à un détour du sentier tracé en lacets, en face d'un groupe de pâtres qui prenaient leur repas. C'étaient les compagnons des Espagnols que nous avions rencontrés à l'hospice. Comme eux, ils portaient la culotte courte, une large ceinture tombant sur les reins, un gilet à boutons de métal. Leurs cheveux, coupés très-courts sur le sommet de la tête, s'échappaient en mèches volantes, sur le front, autour des tempes et des oreilles, du foulard rouge et jaune qui leur ceignait le chef comme un bandeau. Des espadrilles, autrement nouées que celles de nos montagnards, protégeaient la plante de leurs pieds. Accroupis ou assis en rond par terre, ils puisaient de la main, dans une terrine, de petits morceaux de foie de mouton fricassés avec du beurre de brebis. De temps à autre, chacun prenait une bouchée dans le morceau de pain qu'il tenait à la main, ou quelques gorgées de vin dans une outre placée à leur portée. Près d'eux coulait un ruisselet d'eau limpide. A notre approche ils se turent, mais pas assez tôt pour nous empêcher de remarquer qu'ils parlaient avec quelque animation à la jeune fille qui leur avait apporté leur dîner, et qui en attendait la fin debout près d'eux. C'était celle que nous avions aperçue en arrivant à notre halte du matin. Quoiqu'elle n'eût pas l'air timide, sa contenance était embarrassée, et elle parut comme délivrée par notre présence. L'attitude de ses interlocuteurs n'avait pourtant rien de menaçant.

Nous saluâmes les Aragonais. Ils nous répondirent avec politesse, mais avec froideur, par un simple *con Dios*, et, sans se déranger d'une ligne, achevèrent leur repas. Je m'arrêtai comme pour contempler de la petite plateforme où nous nous trouvions, l'espace que nous avions déjà parcourue. En réalité, je voulais tâcher de découvrir le secret de l'entretien que nous venions d'interrompre. Pendant que le guide adressait quelques railleries, inintelligibles pour nous, à la belle Johanno (car, par une bizarrerie singulière, puisqu'il s'agit d'un idiôme méridional, les noms de femme finissent par un *o* d'apparence masculine dans le patois de Luchon), je m'efforçai, mais sans succès, de lier conversation avec les bergers.

Ils répondaient à mes questions : rien de plus. Pendant que je m'obstinais inutilement à battre en brèche leur réserve naturelle ou affectée, M. de Mauplant me fit remarquer un personnage que nous n'avions pas aperçu encore. Il était étendu à quelques pas, la tête appuyée sur le coude. C'était un grand gaillard, superbement taillé. Son large chapeau noir était enfoncé sur ses yeux. Ils brillaient d'un éclat sombre. Ses traits étaient contractés, ses narines ouvertes, ses lèvres serrées. Il était vraiment beau, mais sa physionomie avait une expression sinistre. Je lui dis bonjour ; il ne me répondit même pas. Son regard ne quittait pas Johanno. C'était évidemment avec lui qu'elle avait maille à partir.

Cependant, ses trois compagnons ayant fini leur repas, s'étaient levés. Johanno se tournant de son côté, lui dit alors en espagnol (dans les villages de la frontière presque tout le monde en sait au moins quelques mots) :

— Eh bien! Domingo, vous ne voulez décidément pas manger?

— *Muera*, répondit-il avec l'accent de la colère et de la haine.

La riposte était violente, mais ne m'apprenait rien. De qui souhaitait-il la mort? De la jeune fille?.. Je fus tenté de le croire, car elle devint pâle, replaça précipitamment dans son sac le reste des provisions, les plaça sur sa tête, et, sans suivre le sentier, redescendit vers l'hospice en courant plutôt qu'en marchant. Je regardai les Espagnols : ils étaient aussi tranquilles que leurs bœufs. Domingo était le plus impassible de tous.

Le rôle de curieux désappointés donne toujours un air d'autant plus gauche que l'insuccès est plus complet. Nous commencions à faire sotte figure, et nous en avions conscience. En manière d'adieu et pour sortir d'embarras, nous nous fîmes expliquer tant bien que mal l'usage d'un petit cylindre en bois suspendu à un fil, que l'un de nos Aragonais présentait au soleil; chronomètre ingénieux, dont se servent les montagnards des deux versants des Pyrénées. Démonstration faite, M. de Mauplant poussa son cheval, et je suivis.

— A qui en veut ce grand chapeau noir avec son *muera?* dis-je à notre guide après une centaine de pas.

— Je n'en sais rien, Monsieur. Peut-être Johanno a-t-elle joué à Domingo quelque tour de sa façon.

— Ah! Et de quelle façon sont ses tours?

— Johanno est une coquette, Monsieur, répondit-il avec une certaine animation rancuneuse. Et, après une courte pause, il ajouta :

— Ce n'est pas moi qui me laisserais prendre à ses tromperies, non.

Jointe à l'aigreur de la phrase précédente, cette dernière réflexion me fit penser que le pauvre Cazeaux y avait été pris au contraire et n'en était pas encore consolé.

Pour la première fois je le regardai attentivement. L'observateur le plus novice aurait deviné sans peine et sans hésitation qu'il était du nombre de ces heureux mortels, qui, très-satisfaits de leur personne, sont fort persuadés que tout le monde partage la bonne opinion qu'ils ont d'eux-mêmes. Il avait des traits mignons, et, dans toutes les classes sociales, une telle figure inspire presqu'infailliblement au porteur la conviction qu'il est un homme charmant, et que toutes les femmes raffolent de lui à première vue. Aussi sa toilette était-elle d'une recherche à laquelle je n'avais pas pris garde tout d'abord. Au lieu de porter tout simplement, comme la plupart de ses compagnons, un petit berret bleu et un gilet de laine grossière (le grand berret basque et les vêtements rouges ne sont en usage que dans la vallée d'Ossau), il avait une veste ronde en velours vert et un chapeau de feutre gris absolument pareil au mien. Le seul insigne de ses fonctions dont il fût orné, était un de ces petits fouets de postillon à manche très-court, qu'ont d'ailleurs adoptés, à l'instar des guides, les touristes équitants, et avec lesquels les *sportsmen* de Bagnères assourdissent les humbles piétons. Il n'avait certainement pas fallu beaucoup d'avances de la part de la belle Johanno pour lui persuader qu'elle le trouvait fort à son gré, et la déconvenue avait dû lui être d'autant plus douloureuse qu'il se croyait plus souverainement irrésistible.

Une fois sur la piste, je me serais amusé à le pousser, si mon attention n'avait été appelée ailleurs.

De la gorge formée par les sommets de Baliran et de la Pique, nous avions bientôt passé, en franchissant la muraille rocheuse qui d'en bas semble inaccessible à des chevaux, dans une gorge supérieure qu'ou n'aperçoit point de l'hospice. Ici, comme dans toutes les grandes montagnes, les gradins inférieurs dérobent la vue des plus hautes cimes, et ménagent des déceptions aux forces du voyageur, à son admiration de merveilleuses surprises. Nous avions à peine fait trois ou quatre cents pas sur un plan moins incliné, que nous nous trouvâmes en face d'une scène tout-à-fait différente. Les masses de granit et de marbre qui nous entouraient de tous côtés, avaient cette disposition circulaire qui leur a fait donner par les savants le nom de cirque, et que les gens du pays désignent par l'expression moins noble mais plus pittoresque d'*oule*.

Leurs couches, sur ce point, ne sont pas horizontales comme à Gavarnie, mais, au contraire, très-inclinées et presque verticales. La crête en est si étroite et si déchirée, leurs flancs sont si escarpés et si abruptes que la neige ne s'y peut maintenir. Elle n'étale ses nappes blanches qu'à leur base, sur les pentes moins raides que forment les rocs détachés de ces âpres sommets par les siècles et par les orages. Nulle végétation, sauf, à droite, sur la croupe dénudée du pic de Solagarde, quelques-unes de ces efflorescences mousseuses d'un vert pâle et blafard qui caractérisent la *peyrade* de Gèdre, et ont valu à la montagne voisine le nom de Mont Sinistre. A gauche, le pic de la Mine, aux noires et sombres couleurs, avec ses nombreuses aiguilles se dressant vers le ciel comme des obélisques; avec ses crêtes déchiquetées comme des mâchoires de requin. Vis-à-vis nous, une muraille dentelée, à pic, en apparence infranchissable. Au fond de ce vaste entonnoir naturel, un lac, bleu comme la Méditerranée, profond comme un cratère de volcan, alimenté par les glaciers dont les eaux baignent le pied. Du côté de l'hospice, la large échancrure par laquelle nous avions pénétré dans cet amphithéâtre grandiose, et par laquelle s'échappe le trop plein du lac, après avoir traversé trois étangs formés par des roches amoncelées sur son passage. La plus complète solitude; le plus imposant silence. Aucun être animé. Pas même un aigle planant dans le ciel, ou un vautour se repaissant sur le cadavre d'un cheval auquel le pied avait manqué, et qui du haut du port avait roulé sur la neige jusqu'aux bords du lac.

Nous montions toujours, suivant un sentier taillé dans le roc sur les flancs du pic de la Mine, et enveloppés de son ombre. Nulle issue visible. Enfin nous aperçûmes dans le mur gigantesque qui nous faisait face, une fissure évasée par le haut. On dirait un passage frayé par deux grands coups de l'épée fabuleuse de Roland. Je ne sais si ce défilé a vingt pas de long. Deux mulets chargés n'y pourraient passer de front. C'était le port de Venasque.

Nous le traversons en échangeant un regard, mais sans mot dire, tant nous étions impressionnés par ce site étrange et solennel. De l'autre côté, l'air, la lumière, l'espace, l'infini. Nulle part, il n'est si brusque, si saisissant, si éblouissant contraste. On sort d'un gouffre sombre comme la mort, et on se trouve en face d'un soleil radieux, d'un ciel d'Italie, et de l'immense masse de la Maladetta, la plus haute cime de toute la chaîne des Pyrénées. Moins escarpée que le Vignemale et le Marboré, elle a de la neige jusqu'au sommet. Sur la gauche le pic de Nethou, le plus élevé de tous, est éclatant de blancheur. Plus près, et en avant des glaciers qui s'étendent tout le long des hauts plateaux, trois éperons noirs dont les aiguilles dominent la partie supérieure de la vallée de l'Essera. Les flancs de la montagne sont couverts de forêts dévastées par les avalanches. Les troncs déracinés des sapins pourrissent sur des rocs inaccessibles. Au pied de ces pentes désolées, depuis le *trou du taureau*, dans lequel disparaît en bouillonnant le *Jueo*, jusqu'à l'hospice de Venasque, s'étendent en arc de cercle les pâturages dans lesquels les habitants du pays élèvent les nombreuses mules qu'ils achètent tous les ans à la France.

Après quelques minutes de contemplation je me retournai vers mon compagnon de voyage :

— En Espagne, lui dis-je. Allons jusqu'à Venasque.

— Peste soit de l'enthousiaste, me répondit-il. Nous n'avons pour passeport que des cartes de visite, et pour tout bagage que mon peigne à moustaches.

— Eh! c'est plus qu'il n'en faut, puisque nous avons notre bourse.

— Vous tenez à faire une escapade! En avant donc, repartit M. de Mauplant en faisant claquer son fouet et en lançant son cheval sur les terres de S. M. Catholique.

Ce qui restait incertain, c'était de savoir si nous n'allions pas tomber au milieu d'une ville *prononcée*. Les *carabineros*, aux uniformes aussi variés que rapés, de l'hospice espagnol, n'étaient guère plus au courant des événements que les pâtres du versant français. Mais le sort en était jeté. Nous poursuivîmes notre route, et les sauvages beautés du pays que nous traversions nous firent oublier la politique. Nul moyen, au reste, de nous en enquérir, car le triste et solitaire bâtiment des Bains, construit sur un contrefort abrupte de la Maladetta, au milieu d'un désert pierreux, dans un site désolé, loin du chemin, à plusieurs centaines de pieds au-dessus du cours torrentiel de l'Essera, est la seule habitation qu'on aperçoive jusqu'aux environs du pittoresque mais misérable bourg de Venasque. Il se trouva que celui-ci était neutre, sinon de cœur au moins de fait. La garnison rentrée, après une courte absence, dans le fort qui domine la ville, Don Tomaso Eguïa, son commandant, la population et son alcalde, ignoraient encore auquel des deux partis, Vicalvariste ou Esparteriste, allait rester le pouvoir, et, comme cela s'est vu dans mainte ville française, attendaient pour prendre couleur l'arrivée d'un courrier qui ne paraissait pas. Neutres aussi, nos écus furent les bien venus, et on nous laissa repartir le lendemain matin sans même nous demander notre nom.

Les Espagnols ne font en général eux-mêmes que ce qu'ils ne peuvent pas faire faire par d'autres, témoins les nombreuses troupes de faucheurs gascons et languedociens dont nous fîmes la rencontre, et ils ne font faire, même par autrui, que le strict nécessaire. Or, à la rigueur, on peut se passer de bons chemins. Ils ne s'occupent donc pas le moins du monde de l'entretien des leurs. Nous nous en étions bien aperçus la veille. Aussi nous mîmes-nous en route de grand matin. Il était à peine neuf heures, lorsqu'après un court repos à l'hospice, nous atteignîmes la montagne de marbre à laquelle sa couleur a fait donner le nom de *peña blanca*. La montée est difficile. Les chevaux glissent sur ce roc dur, poli, taillé en degrés inégaux et inclinés. Dix heures devaient être passées, quand, non loin du sommet, nous découvrîmes un Aragonais descendant à pas précipités cette côte malaisée. Bientôt nous reconnûmes le pâtre Domingo. Il avait une expression farouche ; son œil était hagard. La préoccupation de son esprit l'empêchait sans doute de nous reconnaître, car il marcha vers nous jusqu'au moment où notre guide l'apostropha.

— Où cours-tu si vite, lui dit-il ? Tu as l'air d'un loup pourchassé.

Au lieu de répondre, Domingo s'arrêta court, nous regarda fixement, et, quittant le sentier, se jeta au milieu des rochers, dans la direction du *trou du taureau*. Cette fuite était fort extraordinaire. J'interrogeai le guide du regard.

— Il vient de faire un mauvais coup, me répondit-il.

La pensée nous vint sur-le-champ à tous trois, que son *muera* de la veille était, non pas une imprécation, mais une menace, et qu'il venait de la mettre à exécution. Le poursuivre était parfaitement impossible. Il était déjà hors de vue, et dans un terrain impraticable pour tout autre que pour un pâtre des montagnes. Nous continuâmes donc notre route, cherchant en vain à découvrir de loin le fugitif.

Notre projet était de revenir, comme c'est l'habitude, par le port de la Picade. M. de Mauplant ouvrit judicieusement l'avis de reprendre le chemin par lequel nous avions déjà passé vingt-quatre heures auparavant, et que devait avoir suivi Domingo. Quoi qu'il fût arrivé, peut-être pourrions-nous être de quelque secours à un être humain dans ces solitudes. Nous remontâmes donc tout droit au port de Venasque, qui, du côté de l'Espagne, se présente comme une échancrure en forme de coin, dans une muraille gigantesque.

M. de Mauplant avait eu une heureuse inspiration, car, ce court défilé à peine franchi, nous trouvâmes le corps d'un homme étendu sur le chemin. Son visage était ensanglanté ; ses vêtements en désordre. La bretelle d'une carabine était passée en sautoir sur sa poitrine. Sa tête reposait sur un isard, dont les quatre pattes liées ensemble lui faisaient un collier. Cette circonstance expliquait pourquoi il n'avait pu faire usage de son fusil pour se défendre.

— Oh! mon Dieu! C'est Pierre Redonnet, s'écria le guide.

Le nom ne faisait rien à l'affaire. Nous mîmes pied à terre à la hâte. La victime de Domingo était un homme jeune, vigoureux et fortement constitué ; aux larges épaules, aux membres robustes. Autant qu'on en pouvait juger, ses traits manquaient de finesse, mais ils avaient un autre genre de beauté, celle de la force et d'une mâle énergie. Une moustache et une impériale militaires ornaient ses lèvres et son menton. Evidemment, pour abattre un aussi solide adversaire, il avait fallu le surprendre à l'improviste. Aussi le sol, rocheux d'ailleurs, ne portait-il pas de traces de lutte. Près du corps se trouvait un gros bâton de berger taché de sang. Selon toute apparence, c'était la seule arme dont se fût servi le meurtrier, car on ne voyait de blessures qu'à la tête. Aucun signe de vie.

— Quand je vous le disais, Monsieur, que

Johanno est une coquette, s'écria notre guide. Bien sûr que c'est à cause d'elle que ce pauvre Redonnet est assassiné, oui : c'est une suite de jalousie, ça.

Et comme il faut que les mauvais instincts du cœur humain viennent toujours se mêler aux meilleurs sentiments, Cazeaux, tout en gémissant sur le triste sort de Redonnet, ne me parut pas trop douloureusement affecté par le malheur d'un rival, sans doute plus heureux que lui.

Mais ce n'était pas le moment de faire des études de mœurs.

— Vous nous conterez tout cela plus tard, reprit M. de Mauplant. Attachez nos chevaux, et allez chercher du secours à l'hospice.

— Ah! les pauvres gens... c'était leur fils, oui.

— Du fermier de l'hospice?

— Oui, Monsieur.

— N'importe. Il n'y a pas moyen de demander aide ailleurs. Ainsi courez vite. Nous allons rester près du mort.

Le guide partait.

— Qu'on envoie à Luchon chercher un médecin, lui cria M. de Mauplant. Près du mort?...

reprit-il en se tournant vers moi. Peut-être n'est-il qu'assommé ?

Aussitôt de nous assurer de notre mieux s'il ne restait plus aucun souffle de vie. Le corps n'était point encore froid. M. de Mauplant crut sentir que le cœur battait encore. Quoi faire ? A cette hauteur, nous n'avions pas même d'eau. L'un de nous descendit pour quérir de la neige, et, avec un mouchoir, nous en fîmes une compresse. Nous la posâmes sur la tête de Redonnet. En même temps, nous lui frappions dans les mains. Au bout de quelques minutes, nous eûmes la joie de lui voir faire un léger mouvement. Il n'était pas mort ! Peut-être était-il encore possible de le sauver ? Mais comment le rappeler à la vie ? De la neige, pour unique ressource, et encore fallait-il l'aller chercher assez loin dans un chapeau. Le porter, nous était absolument impossible dans de de pareils chemins.

Pendant que nous déplorions la longueur du temps qui s'écoulerait encore avant que les secours de l'hospice pussent arriver, nous aperçûmes trois hommes gravissant la montagne à grands pas. Bientôt nous reconnûmes à leur costume qu'ils étaient Espagnols, et quand ils approchèrent nous distinguâmes les pâtres aragonais que nous avions vus la veille, les compagnons de Domingo. Nous ne savions trop quelles pouvaient être leurs intentions. Ils venaient à notre aide. Notre guide les avait rencontrés dans la gorge, et leur avait dit que Redonnet gisait en haut du col, assassiné par Domingo. Ils étaient aussitôt accourus, et arrivaient tout essoufflés.

Ils regardèrent d'abord sans proférer une parole la victime de leur camarade. Elle ne donnait signe de vie que de loin en loin et par un tremblement convulsif. L'un d'eux ramassa le bâton, et fit aux autres un signe de tête affirmatif. Il le reconnaissait.

— Oh! c'est bien Domingo qui l'a frappé, dis-je. Nous l'avons vu sortant du port.

— Cela se peut, *señor caballero*. Il nous a quittés pendant la nuit sans dire pourquoi, et depuis nous ne l'avons plus revu.

— Et Redonnet, l'avez-vous vu?

— Il a passé vers le soir avec son fusil. Il allait chasser l'isard en Espagne, car de ce côté il n'en reste presque plus.

— Eh bien! Domingo aura été l'attendre au retour. Il s'est embusqué sur son passage, et l'a traîtreusement assommé. C'est évident.

— Domingo était un brave garçon, *señor caballero;* mais c'est néanmoins possible, parce qu'il aimait Johanno, et lorsqu'il a appris qu'elle allait se marier avec Redonnet, il est devenu comme fou.

— Est-ce que Johanno avait promis à Domingo de l'épouser?

— Non; elle ne le décourageait cependant pas, lorsqu'il lui parlait mariage; au contraire même. Mais depuis que Redonnet est revenu dans le pays, elle n'a cessé de le rebuter.

Tous ces éclaircissements ne servaient de rien au pauvre mourant.

— Pouvez-vous nous aider à descendre ce malheureux? dis-je aux Espagnols.

— Nous venons pour cela, me répondirent-ils. Et aussitôt avec leurs bâtons et leurs ceintures, ils firent une espèce de civière, sur laquelle Redonnet fut établi tant bien que mal. Deux de ces vigoureux gaillards le portèrent. Le troisième prit l'isard sur ses épaules et la carabine à la main. Nous suivions derrière tenant nos chevaux par la bride. La descente fut pénible. Dès que nous trouvâmes de l'eau, les plaies furent lavées avec précaution. La tête était toute meurtrie. La peau était déchirée sur plusieurs points. Près de la tempe gauche, il y avait une blessure plus profonde. Nous ne pouvions juger de sa gravité. Un mouchoir mouillé fut posé dessus.

Arrivés à la gorge de Baliran, nous rencontrâmes les secours partis de l'hospice. Par bonheur, la princesse de Bosco s'y était trouvée, qui allait entreprendre l'ascension du port en chaise à porteurs. Chaise et porteurs furent charitablement envoyés au-devant de nous. Les vieux et malheureux parents suivaient à grand-peine. Du plus loin, nous leur criâmes que leur fils vivait encore. La rencontre des deux caravanes fut un spectacle navrant, car si Redonnet n'était pas tout-à-fait mort, il paraissait sur le point d'expirer.

Le changement de civière opéré, on se remit en marche. On alla plus vite. Le sentier devenait plus praticable, et on était en forces. Enfin, nous atteignîmes l'hospice. Un guide avait été, à cheval, chercher un médecin qui n'était pas encore arrivé. En l'attendant, on étendit le blessé sur un lit, on lui fit respirer du vinaigre, on le frictionna avec des spiritueux, et on continua des lotions d'eau froide sur la tête.

Pendant ces tristes moments, j'échangeai quelques mots avec le père de Redonnet, vieillard encore vert, en qui, malgré ses soixante et dix ans et la course forcée qu'il venait de faire, on reconnaissait encore le fameux chasseur d'isards qui avait servi de guide à M. de Franqueville, pour faire la première ascension heureuse de la Maladetta.

— Il paraît que c'est par jalousie, lui dis-je, que Domingo a voulu tuer votre fils.

Il me raconta alors toute l'histoire. Johanno était à son service depuis son enfance, pour ainsi dire. Tout jeunes encore, elle et son fils s'étaient aimés. Il n'y mettait aucun obstacle, Johanno étant aussi bonne, aussi honnête, aussi laborieuse que jolie. Lui-même était pauvre alors, et avait huit enfants à élever. Vint pour son fils l'âge de la conscription. Le sort l'ayant mal servi, il lui fallut partir. Pendant quelque temps il écrivit à Johanno, mais peu à peu ses lettres devinrent plus rares, et il finit par la délaisser complètement. La pauvre fille oubliée, longtemps triste et inconsolable, avait bien fini, courtisée qu'elle était de tous côtés pour ses beaux yeux, par écouter un peu fleurette ; mais (une femme n'eût probablement pas admis d'excuse, car entre filles d'Eve la sévérité l'emporte souvent sur l'indulgence), elle était restée sage après tout, et ne s'en laissait conter que par amour-propre blessé et pour se venger des dédains de son infidèle. Le premier, Domingo, paraissait avoir fait sur elle une impression plus sérieuse. Mais, sur ces entrefaites, son fils, enrôlé dans les chasseurs à pied, avait reçu son congé, et était revenu de Sébastopol avec des galons, la croix, bonne mine, et belles paroles. Il ne lui avait pas fallu longtemps pour raccommoder ses affaires avec Johanno, qui, au fond, l'aimait toujours. Le mariage devait avoir lieu dans deux jours. Pierre était parti la veille pour aller chercher sur les glaciers le rôti de son repas de noces.

Cependant le blessé, entouré de sa famille et soigné par sa mère, se ranimait par degrés ; et déjà il avait ouvert les yeux, sans toutefois reconnaître personne, lorsqu'arriva le médecin. Il n'y avait pas à hésiter. Une saignée fut pratiquée sans retard. Peu de minutes après, le rival de Domingo commençait à reprendre connaissance.

Derrière le médecin et presqu'aussi vite que lui, bien qu'il fût venu à cheval, était accourue Johanno, hors d'haleine, la figure bouleversée, et pâle comme un linge. Elle arrivait de Luchon, où elle était allée pour le service de la maison, et où elle avait appris par l'exprès envoyé de l'hospice le malheur arrivé à son fiancé.

— Mort...? s'écria-t-elle en entrant, avec une angoisse effrayante.

Au cri déchirant qu'elle venait de jeter, chacun s'était retourné vers le seuil de la chambre. On aurait entendu le souffle d'un enfant.

— Vivant..., répondit une voix d'une extrême faiblesse. C'était la première parole de Redonnet.

Johanno tomba évanouie.

Il se faisait tard. Nous étions désormais inutiles. Le médecin nous assura qu'il n'avait plus aucune inquiétude sur la vie de son malade, et que probablement même il serait sur pied avant peu de semaines. Nous demandâmes nos chevaux, et une heure après nous étions à Luchon.

TABLE.

	Pages.
Constantinople	1
Égypte	29
Rome	69
Venise	107
Espagne	161
Pyrénées	213

www.ingramcontent.com/pod-product-compliance
Lightning Source LLC
Chambersburg PA
CBHW060124170426
43198CB00010B/1026